Winfried Noack

Träume, die das Leben deuten

Winfried Noack

Träume, die das Leben deuten

Grundlagen einer wissenschaftlichen Traumdeutung

Frank & Timme
Verlag für wissenschaftliche Literatur

Umschlagabbildung: Wenn sich die Wimpern senken,
© sokaeiko/pixelio.de

ISBN 978-3-7329-0091-6

Herstellung durch Frank & Timme GmbH,
Wittelsbacherstraße 27a, 10707 Berlin.
Printed in Germany.
Gedruckt auf säurefreiem, alterungsbeständigem Papier.

www.frank-timme.de

Inhaltsverzeichnis

1 Wie entstehen Träume?

Schlaf ist für uns wichtig, weil unser gesamter Körper und vor allem das Gehirn Erholung und Regeneration nötig haben. Es ist das Hormon Melatonin, das in uns das Schlafbedürfnis erzeugt. Oft schlafen wir schon nach kurzer Zeit ein. Der Schläfer scheint ruhig und inaktiv auf seiner Schlafstätte zu liegen. Aber der Körper bleibt rege tätig: Er erneuert die Zellen, stärkt das Immunsystem und verarbeitet Ereignisse während des Tages oder auch längerfristige Probleme.

Immer wenn wir schlafen, träumen wir, selbst wenn wir nichts davon merken. So war es zu allen Zeiten. Das Träumen gehört zur menschlichen Existenz (und auch höher organisierte Säugetiere träumen, z. B. Hunde oder Katzen). Was geschieht nun in unserem Körper bzw. in unserem Gehirn, wenn wir träumen (Werner und Langenmayr 2005, S. 55–170; von Kalben 2012)? Zunächst hat Michael Jouvet herausgefunden, dass es zwei Schlafzustände gibt, die Tiefschlafphase, d. i. die NREM-Phase, und die REM-Phase, die Phase der schnellen Augenbewegungen. Beide wechseln während des Schafes einander ab. Erstere dient dazu, das Immunsystem zu stärken, letztere bedeutet eine extreme Tätigkeit des Gehirns, bei der die Neuronen ein Feuerwerk von neuroelektrischen Vorgängen veranstalten. Während des REM-Schlafes träumen wir intensiv. In diesen Träumen verarbeiten wir Tageserlebnisse, aber auch längerfristige Probleme. Typisch für den Traum ist, besonders während des REM-Schlafes, dass wir außerordentlich intensive, auch aggressive, sexuelle, schreckliche, angsterfüllte, schöne, glückliche Erlebnisse haben. Dies ist möglich, weil wir während des Traumes kaum noch Muskelbewegungen haben, also nichts von all dem, was wir träumen, verwirklichen können. Die Traumwelt ist also nicht real; sie ist eine Als-Ob-Welt.

Träume sind auch während des NREM-Schlafes möglich (Werner und Langenmayr 2005, S. 99–105). Aber dann bieten sie nur einzelne Gedanken oder Bilder, während Träume der REM-Phase komplexe Handlungen enthalten. Die Traumdauer ist sehr unterschiedlich. Träume dauern zwischen zehn und fünfundvierzig Minuten. Die Traumbildung während der REM-Phase wird im Gehirn durch Acetylcholin vermittelt, zudem spielt das Dopamin wohl eine wichtige Rolle.

Heute allerdings unterschieden wir drei Schlafphasen (Stangl 2014): den Leichtschlaf, den Tiefschlaf und die REM-Phasen. Sie folgen während des Schlafes aufeinander in einem 90-Minuten- Takt. Bei dieser Sequenz treten zunächst längere Abschnitte Tiefschlaf auf und kürzere REM-Phasen. Diese werden im Verlaufe der Nacht immer länger. Die meiste Zeit der Nacht verbringt jedoch der Mensch im Leichtschlaf. Dieser bereitet den Tiefschlaf vor. REM-Schlaf und Tiefschlaf verhalten sich im Gehirn sehr gegensätzlich. Die REM-Phasen treten alle eineinhalb Stunden auf, etwa drei- bis sechsmal pro Nacht bei einem achtstündigen Schlaf. Im REM-Schlaf wird das prozedurale Gedächtnis ausgebildet, das Tätigkeiten steuert, die automatisch, ohne nachzudenken, ausgeführt werden. Darum werden in der REM-Phase vor allem vegetative Funktionen ausgelöst: Die Atemfrequenz wird erhöht; beim Mann treten Erektionen auf, bei der Frau wird die Vagina stärker durchblutet; Adrenalin wird vermehrt ausgeschüttet; die Magenaktivität steigt; die Körpertemperatur wird nicht mehr geregelt, deswegen sind Schwitzen und Zittern unabhängig von der Außentemperatur; Wachstumshormone werden vermehrt ausgeschüttet; die Durchblutung des Gehirns steigt um 3 bis 12 % an und erreicht dieselben Werte wie im Wachzustand; das Herz schlägt schneller; die Augen wandern hinter den geschlossenen Lidern rasch hin und her; immer wieder treten Muskelaktivitäten in den Gliedmaßen und im Gesicht auf, oder es kommt zur völligen Muskelerschlaffung. So lösen bestimmte Reizsituationen ein entsprechendes Verhalten aus.

Im Tiefschlaf hingegen wird das deklarative Gedächtnis geschult. Dieses basiert auf Sprache: Es beinhaltet Wörter, mit denen Weltwissen oder auch Ereignisse und Begebenheiten aus dem persönlichen Leben vermittelt werden. Diese Gedächtnisform tritt vor allem im Tiefschlaf auf.

Manche Menschen sind in der Lage, so genannte Klarträume zu haben. Ihnen wird der Traum während des Traumes bewusst, und sie können ihn steuern. Sich Träume während des Traumes bewusst zu machen, kann hilfreich sein. So hat Einstein oft Lösungen während des Schlafes gefunden. Kekulé sah im Traum plötzlich, wie die Wasserstoffatome des Zuckers aus der linearen Form sich zu Reigen formten. So entdeckte er, dass Zucker nicht nur linear gereiht, sondern auch zyklisch ist. Dies war ein gewaltiger Fortschritt in der organischen Chemie.

Wir merken, dass Träumen für uns wichtig ist. Träume reparieren unser Gehirn und verarbeiten am Vortag Erlebtes. Zudem können sie Probleme lösen, die uns am Tag beschäftigt haben. „Große Träume“ decken langfristige Lebensprobleme auf. Gerade, wenn sie auftreten, ist die wissenschaftliche Traumdeutung hilfreich.

2 Traumdeutung – geschichtlich

Schon in der segmentierten Urgesellschaft deuteten Medizinmänner Träume, um den Sippenmitgliedern Lebenshilfe zu geben. Sie glaubten an die hellseherischen und prophetischen Kräfte des Traumes als einer Botschaft der Geister oder der Ahnen.

In der stratifizierten, der sozial geschichteten Gesellschaft hielt man Träume für verschlüsselte Botschaften der Götter. Hier waren es die Priester, die Beratung durch Traumdeutung anboten. Das Orakel von Delphi beispielsweise arbeitete sehr intensiv mit dieser Methode.

Auch in der biblischen Tradition spielen Träume eine bedeutende Rolle (Hark 1982, S. 35–87). Der Traum Jakobs von der Himmelsleiter tröstet den heimatlosen Flüchtling, der ohne Schutz durch die Sippe dem Tod ausgesetzt ist. In seiner tiefsten Not erblickt er eine Leiter, die bis zum Himmel reicht und auf der hilfreiche Wesen hinauf- und hinabsteigen. Er fühlt sich nicht mehr alleingelassen. Mehr noch: Plötzlich steht Gott Jahve vor ihm, sagt ihm seinen Schutz zu und verheißt ihm das Land als Erbe für sich und seine Nachkommen. Dieser Traum hat nicht nur eine persönliche Bedeutung für den Heimatlosen, sondern wird zum Symbol für ein ganzes Volk, das auf Grund dieses Traumes seinen Anspruch auf das Land erhebt.

Auch Joseph deutet Träume. Schon als Junge erzählt er, dass auf dem Feld während der Ernte seine Garbe aufrecht steht, die Garben der Brüder sich jedoch vor seiner Garbe neigen. Dieser Traum wird ergänzt: Sonne, Mond und Sterne verneigen sich vor ihm. Die Deutung des Traumes ist einfach. Als letztgeborenes Nesthäkchen wollte er seine Brüder und sogar die Eltern überflügeln. Dass diese ihm deshalb nach dem Leben trachteten ist gemäß der damaligen Kultur verständlich. Den Berichterstatter aber bewegt noch ein anderer Gedanke: Es war Gottes Wille, dass sich Joseph von seiner Sippe löst, damit diese später durch ihn gerettet werden und im gelobten Land zu einem Volk heranwachsen kann. Als er in Ägypten im Gefängnis sitzt, erzählt ihm ein Mitgefangener, ein verurteilter Obermundschenk, seinen Traum: Ein Weinstock entwickelt drei Triebe, die reife Trauben tragen. Er nimmt diese Trauben und zerdrückt sie für den Pharao in dessen Becher. – Der Weinstock ist ein Lebenssymbol, und so kann Joseph den hohen Beamten trösten. Die drei Trauben sind ebenso symbolisch: Die Drei ist die Synthese aus eins und zwei, das Kind, das Rettende, besonders, wenn es mit Lebenssymbolen verknüpft ist. Der Mann darf also auf Rettung hoffen. Der Hofbäcker, ermutigt durch diese Traumdeutung, erzählt Joseph seinen Traum: Er trägt drei Körbe mit Backwerk, um es dem Pharao zu bringen. Aber Vögel kommen und fressen das Gebäck auf. Die Dreizahl ist hier mit einem Destruktionssymbol verknüpft: Vögel, wenn sie in Scharen auftreten, deuten Zerstörung an. Der Bäcker wird also am dritten Tag hingerichtet.

Tiefgründig ist auch der Traum Nebukadnezars, den Daniel deutet. Eine große Skulptur steht im Traum vor dem König. Das Haupt ist aus Gold. Die Brust und die Arme sind aus Silber, die Lenden sind aus Bronze, die Beine aus Eisen und die Füße ein Gemenge aus Eisen und Ton. Schließlich kommt ein Stein, vielleicht ein Komet, und trifft die Skulptur an den Füßen und zermalmt das gesamte Bildnis zu Staub, der verweht wird. – Zunächst ist das Standbild ein Symbol des Selbst. Der Traum will dem Gottkönig zeigen, dass er nicht unsterblich ist, sondern sein Ende Staub ist, den der Wind verweht. Und wie die Materialien des Bildes immer geringer im Wert werden, so wird auch sein Leben abnehmen bis zum Tod. Gleichzeitig verweist der Traum auf ein Geschichtsbild: Das Wesen der Geschichte ist nicht Fortschritt, sondern Zerfall. Sie geht einem absoluten Untergang entgegen. Dasselbe gilt für die Weltpolitik: Jedes Reich ist ein Gemenge verschiedener Menschen und Völker, die teils harmonisch, teils antagonistisch miteinander leben. Doch auch sie unterstehen dem Gesetz von Vereinigung und Zerfall: Sie bilden Weltreiche, aber diese haben keinen Bestand. Sie schließen Verträge, aber diese gelten nicht für immer. Schließlich wird die Geschichte beendet durch eine himmlische Instanz, die allen politischen und gesellschaftlichen Systemen ein Ende macht. Zugleich wächst das göttliche Reich und erfüllt die ganze Erde. Gottes Geschichte ist Fortschrittsgeschichte. Und gleichzeitig wird gesagt, dass nur die Gesellschaftsordnungen Gottes Wille sind, die vom ewigen, liebevollen und errettenden Göttlichen geprägt sind.

3 Welche Arten von Träumen gibt es?

3.1 Träume der Lebensalter

Kinder haben in der Regel lebhaftere und häufigere Träume als Erwachsene (Kurth 1975, S. 18–19). Kinder zwischen zwei und fünf Jahren leben in einer Welt der Fantasie, mit der sie die Realität vermengen oder sogar ersetzen. Dementsprechend träumen sie oft, von wilden Tieren angegriffen zu werden, von Löwen, Tigern, Drachen, Krokodilen oder auch großen Hunden. Diese symbolisieren das Große und Übermächtige. Dadurch verarbeiten Kinder Erlebnisse mit übermächtigen Eltern. Diese Tiere können männlich oder weiblich sein; weibliche Symbole sind etwa Kühe, Spinnen oder Hexen. Daran kann unterschieden werden, ob die gefürchtete Person ein Mann oder eine Frau ist. Weil Erwachsene gegenüber dem Kind Riesen sind, treten, wenn das Kind nicht in einen Mantel von Schutz, Geborgenheit, Liebe und Fürsorge eingehüllt ist, Angstträume auf. Mit etwa zwei Jahren tritt das Kind in die Trotzphase ein, in der es den ersten Widerstand gegen die Eltern versucht, um selbstständig zu werden. Wird es von den Eltern, wenn diese streng und autoritär erziehen, daran gehindert, wird das Kind ängstlich und schüchtern oder aggressiv und trotzig; dann treten Angsträume auf, die ein Leben lang anhalten können.

Sechs- bis zehnjährige Kinder treten in Konkurrenz mit Eltern, Geschwistern, Schul- und Spielkameraden und den Anforderungen der Schule. Wenn es der Konkurrenz unterliegt, träumt das Kind Angstträume, in denen es beispielsweise auf einem Roller oder einem Fahrrad sitzt und die Kontrolle über das Steuer verliert, während es auf einen Abgrund zurast. Es treten auch Flug- und Fallträume auf.

Jugendliche zwischen 12 und 16 Jahren haben oft Zwangsträume, durch die sie Traum und Wachen nicht auseinander halten können. Im Wachzustand verhalten sie sich dann mitunter eigenartig oder sogar gefährlich, denn sie können nicht mehr feststellen, ob sie sich im Traum befinden, in dem sie ja nicht handeln können, oder schon in der Wirklichkeit, in der alle Handlungen Folgen haben. Die Träume der Erwachsenen bieten die ganze Bandbreite der Traumsymbole.

3.2 Traumformen

Zunächst ist die Unterscheidung zwischen bedeutungslosen und bedeutungsvollen Träumen wichtig. So können körperliche Reize Träume auslösen (Volkmer 1954, S. 10 f.). Beispielsweise hat man einem Schläfer in den Arm gestochen. Dies bewirkte einen Traum, in dem er als ein Esel mit einem Stachel angetrieben wurde. In einem anderen Experiment legte man einigen Schläfern Gewürznelken unter die Zunge. Manche träumten von Geschmackswahrnehmungen, wenige träumten von Gewürznelken, aber es gab auch Träume von brennenden Häusern u. a. Wenn wir diese letzten Trauminhalte tiefenpsychologisch deuten würden, müssten wir sagen, dass das Haus ein Symbol des Selbst ist, das Feuer hingegen ein ambivalentes Symbol: Leben bringend, aber zugleich zerstörend. Der Traum würde dann bedeuten, dass das Selbst entweder die Aufgabe hat, sich dem Leben zu stellen und es zu entfalten, oder dass in Gefahr steht, zerstört zu werden, wobei die Destruktionsgefahr analysiert werden müsste. In Wirklichkeit aber hat der Traum nichts zu bedeuten, da der Körper nur auf einen äußeren Reiz reagiert hat. Ähnliches geschieht, wenn der Wecker klingelt und der Schläfer träumt, dass die Feuerwehr verbeifährt. Träume können auch eine Reaktion auf eine wegrutschende Decke, auf Geräusche von außen u. a. sein.

Im Gegensatz dazu gibt es Träume, die Tagesereignisse verarbeiten, seien es negative oder positive Erlebnisse. Wenn jemand etwas Erfreuliches erlebt hat, kann er schöne Landschaften, durch die er wandert, träumen. Wenn er Ärger mit dem Chef hatte, träumt er vielleicht davon, dass ihn ein Autofahrer gerammt hat. Der Mann steigt aus und beschimpft den Unfallverursacher. Nun ist das Auto ein Symbol des Selbst. Der Auffahrtsunfall ist somit eine Verletzung des Selbst. Die Schimpfkanonade gegen den Auffahrer gilt also dem Chef, der das Selbst des Träumers verletzt hat.

Weiterhin gibt es Träume aus dem Unbewussten, durch die längerfristige Probleme verarbeitet werden. Das können Lebenspläne sein, die geändert werden müssen. Oder auch Wünsche, die in der wachen Realwelt unerfüllt oder gar unerfüllbar sind. Im Traum gelten weder Zeit noch Raum noch Naturgesetze. Im Traum kann alles erfüllt werden, was im Wachzustand unmöglich ist. Es sind sozusagen Ersatzleistungen des Unbewussten.

Schließlich gibt es Träume, die aus dem kollektiven Unbewussten ins Traumbewusstsein aufsteigen. Dies sind die so genannten „Großen Träume“, in denen Traumsymbole auftauchen, die seit Urzeiten in allen Kulturen der Menschheit zu finden sind. Es sind Archetypen.

4 Die Traumdeutung nach Sigmund Freud

Zunächst scheint es wichtig zu sein, den Aufbau der Person nach Freud zu charakterisieren (Freud 1938, S. 9–24; Müller-Spahn 2005, S. 113–129). Bei seiner Darstellung richte ich mich nach Freuds letztem unvollendetem Werk, dem „Abriß der Psychoanalyse" von 1938.

4.1 Der psychische Apparat

Die älteste Instanz, so meint Freud, ist das ES. Es beinhaltet alles, was ererbt, bei Geburt mitgebracht, konstitutionell festgelegt ist sowie die Triebe. Interessant ist, dass Freud nicht nur die Triebe in das Es verlegt, sondern auch das Erbgut und die körperliche Konstitution. Die Triebe dienen der Bedürfnisbefriedigung. Triebe sind nicht isoliert festgelegt, sondern sie können ihr Ziel verändern und durch Verschiebung ineinander übergehen. Freud nimmt zwei Grundtriebe an: den Eros und den Destruktionstrieb. Das Ziel des Eros ist es, größere Einheiten herzustellen und zu erhalten, also Bindungen zu schaffen. Das Ziel des Destruktionstriebes ist es hingegen, Zusammenhänge aufzulösen und Dinge zu zerstören. Im Inneren des Menschen wirkt er als Todestrieb. Beide Triebe wirken gleichzeitig gegeneinander und vermischen sich miteinander. Freud veranschaulicht dies an folgendem Beispiel: Beim Essen zerstören wir die Speise, während sie gleichzeitig dem Aufbau des Körpers dient. Das Mischungsverhältnis zwischen beiden ist bedeutsam. Da beide miteinander verbunden sind, bedeutet eine Zunahme des Destruktionstriebes eine Schwächung des Eros und umgekehrt. Wichtig ist, dass der Destruktionstrieb über das Muskelsystem abgeleitet wird. Die Energie des Eros heißt Libido. Sie wird zunächst im Ich gespeichert. Von hier wird sie ausgeschickt, um Objekte zu besetzen oder wieder zurückgezogen oder auf andere Objekte übertragen. Sie kann aber auch auf Objekte fixiert werden (z. B. in der Ehe). Sie ist also außerordentlich beweglich. Sie dient keineswegs nur der Erotik und der Sexualität, sondern ist durch Sublimation die liebende, schöpferische Energie, die die Kultur hervorbringt: Politik, Wirtschaft, Wissenschaft, Erziehung, Recht, Medizin, Kunst, Familie und Religion.

Das Ich hat grundlegend die Fähigkeit zur Selbstbewegung, d. h. es bewegt sich selbst auf das Es, das Über-Ich und die Realität zu. Seine Hauptaufgabe ist die Selbstbehauptung: Es lernt Reize der Außenwelt kennen, speichert Erfahrungen über sie im Gedächtnis, vermeidet überstarke Reize durch Flucht, begegnet weniger starken Reizen durch Anpassung und verändert durch Handlungen die Außenwelt zweckgerichtet zu seinem Gunsten. Nach innen hat es die Aufgabe, die Triebe zu beherrschen, sie entweder zuzulassen, zeitlich zu verschieben oder zu verbieten. Eine weitere Aufgabe des Ich ist es, das Gewissen in die Schranken zu weisen, wenn seine

Gebote und Verbote lebenseinschränkend wirken. Der Maßstab dafür sind die Aufgabe der Selbsterhaltung und die Maßstäbe des Ich-Gewissens. Nach außen hat das Ich die Aufgabe der Realitätsprüfung; es bewertet, ob die Triebansprüche und die Verbote des Über-Ichs der Außenwelt entsprechen und ob die Angebote der Außenwelt real oder fiktiv sind.

Als ein Ergebnis der Erziehung bildet sich das Über-Ich, das Gewissen, heraus. Es entsteht nicht einfach durch die Internalisierung der Elterngebote und -verbote, sondern genauso wichtig sind die Familie als Ganzes, Verwandte, Rasse, Volkstradition und die Anforderungen des sozialen Milieus, wie Freud betont. Weiterhin enthält das Über-Ich Forderungen der Erzieher, und Vorbilder in der Gesellschaft prägen es. An anderer Stelle erwähnt Freud das Ideal-Ich. Dieses enthält nicht Gebote und Verbote wie das Über-Ich, sondern Ideale, Erstrebenswertes. Mein Lehrer Philipp Lersch lehrte noch eine dritte Instanz: das Ich-Gewissen. Wenn das Ich die Aufgabe hat, das Gewissen zu beherrschen und zu zügeln, dann braucht es hierfür eigene Maßstäbe. Sie werden vom Ich aus persönlicher Erfahrung, durch eignes Forschen und Reflektieren gewonnen. Wir sollten eher dem Ich-Gewissen als dem Uber-Ich folgen.

Alle Inhalte des Ich bilden das Bewusste. Andere Inhalte des Unbewussten können mühelos erinnert, vergessen und aufs Neue erinnert werden. Diesen Zustand nennt Freud das Vorbewusste. Andere psychische Vorgänge können nur schwer bewusst gemacht werden. Sie bilden das Unbewusste. Es ist die beherrschende Qualität des Es. Freud unterscheidet also drei psychische Qualitäten: das Bewusste, das Vorbewusste und das Unbewusste. Diese Unterscheidung ist für die Traumdeutung wichtig.

4.2 Freuds Traumdeutung

Auch hierfür verwende ich die letzte Darstellung von Freuds Psychologie, den „Abriß der Psychoanalyse" von 1938 (Freud 1938, S. 24–30).

Der Traum ist grundsätzlich ein Zustand von Aufruhr und Konflikt, weil Inhalte des unbewussten Es ins bewusste Ich einzudringen versuchen. Dies geschieht im Traum. Weil die Traumgedanken aus dem Unbewussten kommen, sind sie verworrene, unverständliche Widerspiegelungen der Wirklichkeit. Deshalb unterscheidet Freud grundlegend zwischen dem latenten Traumgedanken und dem manifesten Trauminhalt. Unbewusstes drängt ins Vorbewusste, um ins Ich zu gelangen. Dieses sträubt sich, weil viele Traumgedanken in der Realität nicht möglich sind. Darum bildet sich die Traumentstellung heraus, wodurch der Trauminhalt entsteht, der, wie wir sehen, vom Traumgedanken oft radikal verschieden ist.

Freud unterscheidet nun zwei Anlässe zur Traumbildung: Träume-vom-Es-her und Träume-vom-Ich-her. Im ersten Fall hat sich eine im Wachzustand unterdrückte Regung im Ich geltend gemacht. Im zweiten Fall haben Tagesreste, die ins Vorbewusste abgeglitten sind, sich mit unbewussten Elementen verbunden und sich dadurch verstärkt. Sie gelangen ins Ich und bilden den Traum. Das Ich stellt im Traum seine Tätigkeit ein. Es zieht seine Gegenbesetzungen, mit denen es sich vor dem Eindringen unbewusster Inhalte geschützt hat, zurück. Weil nun aber die Motalität (Beweglichkeit) des Ich im Traum aufgehoben wird, fallen die Hemmungen, die dem Unbewussten und seinen verbotenen Wünsche auferlegt wurden, weg. So entsteht ein unschädliches Maß von Freiheit.

An allen Träumen ist das Unbewusste beteiligt. (1) Das Traumgedächtnis ist viel umfassender als das Ichgedächtnis. In Traum dringen Erinnerungen, die der Träumende vergessen hat und die ihm im Wachzustand nicht zur Verfügung standen, in den Traum ein. (2) Das Traumgedächtnis erinnert Eindrücke aus der frühen Kindheit, die längst vergessen wurden. (3) Im Traum treten Gedanken, Bilder und Zeichen auf, die aus der archaischen Erbschaft der Ahnen stammen und die das Kind bei seiner Geburt mitbringt. Wir können sie verstehen, wenn wir die Symbole aus den ältesten Sagen und Märchen sowie Gebräuchen erinnern und deuten. So ist der Traum zugleich ein Erinnern an die menschliche Vorgeschichte. Interessant ist, dass für Freud der Traum nicht nur Wunscherfüllung ist, sondern archaische Urbilder aus dem tiefsten Unbewussten Träume gestalten können (vgl. das kollektive Unbewusste bei C. G. Jung).

Freud kennt nun verschiedene Weisen, in denen sich das Unbewusste über den Weg in das Vorbewusste im Ich geltend macht, das seinerseits die Traumarbeit auf sich nimmt. Die erste ist die *Verdichtung*. Oft vertritt ein einziges Element des manifesten Trauminhaltes mehrere latente Traumgedanken. So ist der Trauminhalt eine Verdichtung vieler Traumgedanken. Die Folge ist, dass ein Traum vielfältig deutbar ist.

Ein weiterer Vorgang, der bei der Traumdeutung zu beachten ist, ist die *Verschiebung*. Das Unbewusste ist ja außerordentlich beweglich. So kann ein manifester Trauminhalt als wichtig erscheinen, der für den Traumgedanken unwichtig ist, und umgekehrt kann ein wichtiger Traumgedanke im manifesten Traum unwichtig erscheinen. Oft wird auch ein Traumelement durch ein anderes ersetzt. Zwei Beispiele mögen dies verdeutlichen. Eine Sekretärin wurde von ihrem Chef beleidigt und angebrüllt, also stark herabgewürdigt. Sie träumt nun in der Nacht, dass sie durch die Stadt geht und von einem Mann angerempelt wird. Sie schimpft ihn mit schlimmen Worten aus. Aber dieser Traum enthält noch zu wenig Triebabfuhr. Darum träumt sie, dass sie in der Küche steht und Gemüse schält. Vor allem den Kohlkopf schneidet sie mit höchstem Vergnügen in kleine Streifen. Jetzt kann sie ruhig weiterschlafen. Ihr kannibalischer Aggressionstraum hat sie befriedigt. So wird der Traum zum Hüter des Schlafs. Ein zweites Beispiel betrifft einen Mann, der von seinem Vorgesetzten auf einen geringer bezahlten Posten abgeschoben wurde. Ihn träumt, dass er durch einen Urwald geht. Er gelangt zu einer Lichtung. In der Mitte brennt ein Feuer, über dem ein großer Kessel hängt, um den „Eingeborene“ tanzen. Und im Kessel schmort – der Chef. – Dieser Traum birgt archaische Symbole. Der Urwald ist ein Chaossymbol. Das Innerste des Träumers ist außerordentlich erregt. Die Lichtung ist ein Idyllesymbol. Aber dies ist nur eine geringe

Beschwichtigung, denn das Feuer ist ein Destruktionssymbol wie auch das kochende Wasser. Die herumtanzenden „Eingeborenen" sind ein Symbol für das Fremde, das gefährlich ist. So kann der Träumer seine Wut auf den Chef im Traum kanalisieren.

Es gibt noch mehr merkwürdige Vorgänge im Unbewussten. Dieses ist ein Reich der Unlogik. Beispielsweise werden Gegensätze nicht auseinander gehalten, sondern als identisch behandelt. Damit kommen wir zu einer dritten Traumstruktur: der *Verkehrung ins Gegenteil*. In unserem Beispiel von der Frau, die vom Chef erniedrigt wurde, kann sie von diesem als einem liebenswürdigen Mann träumen, dem sie womöglich Geschlechtsverkehr anbietet. Sie hat ihren Tötungswunsch ins Gegenteil verkehrt. Diese Form der Traumarbeit ist häufig zu finden und muss bei jeder Traumdeutung berücksichtigt werden.

Freud gibt selbst drei Beispiele für eine mögliche Traumdeutung an: (1) Im Schlaf verspürt der Träumer plötzlich Hunger. Er träumt von einer herrlichen Mahlzeit und schläft weiter. Er hätte aufstehen können, um sich etwas zu Essen zu machen. Aber dann hätte er den Schlaf unterbrechen müssen. (2) Ein Schläfer soll erwachen und zu einer bestimmten Zeit in der Klinik sein (Freud war ja Arzt!). Er schläft aber weiter und träumt, dass er schon in der Klinik sei, und zwar als Patient, der das Bett nicht verlassen darf. Er kann also ruhig weiterschlafen. (3) Während des Schlafes regt sich beim Schlafenden der Wunsch, mit der Frau seines Freundes zu schlafen. Er hat einen Beischlaftraum, aber nicht mit der Frau des Freundes, sondern mit einer völlig Unbekannten, die, möchte ich hinzufügen, kein Gesicht hat. So bleibt die Frau des Freundes anonym. Bei diesem Traum ist deutlich die Verschiebung zu beobachten. Freud meint, diese drei Beispiele seien sehr einfach zu deuten, weil sie Tagesreste darstellen. Damit hat er sicher Recht.

Der Traum ist einer Psychose ähnlich voller Wahnbilder und Sinnestäuschungen. Zum Glück eine Psychose von kurzer Dauer, harmlos, sogar mit einer nützlichen Funktion versehen: den Schlaf zu hüten und kurze oder langfristige Probleme zu verarbeiten. Sie wird durch das bewusste Ich eingeleitet und auch beendet.

4.3 Konklusion

Bei jeder Traumdeutung ist der erste Schritt die Unterscheidung zwischen dem manifesten Trauminhalt und dem latenten Traumgedanken. Der Trauminhalt darf uns nicht dazu verführen, ihn sofort interpretieren zu wollen. Es ist wichtig, den dahinter liegenden Traumgedanken zu finden. Dann beachten wir die Unterscheidung zwischen den Träumen-vom-Ich-her und Träumen-vom-Es-her. Träume-vom-Ich-her sind weitgehend bedeutungslos; sie sind Tagesreste. Weil sich aber oft ein Inhalt des Unbewussten anhängt, kann er uns einen ersten Hinweis geben. Träume-vom-Es-her kommen aus dem Unbewussten, und oft aus dem tiefsten Unbewussten, wo die Urbilder aus der Vorzeit liegen. Diese Träume bilden den Königsweg ins Unbewusste. Weil aber diese Traumbilder archaisch sind, dürfen wir sie nicht modern deuten, sondern müssen Märchen und Sagen befragen. Schließlich müssen wir die drei Strukturen von Träumen beachten: die Verdichtung, die uns auffordert, nach mehr als nur einer Bedeutung zu suchen; die Verschiebung, die uns nicht verführen darf, die auftretenden Personen oder Bilder sofort als richtig anzusehen; und die Verkehrung ins Gegenteil, damit wir keine falsche Fährte verfolgen.

5 Die Traumdeutung nach Alfred Adler

Adler hat dem Traum nie dieselbe Bedeutung zugemessen wie Freud. Aber er brachte doch einen sehr wichtigen Gedanken in die wissenschaftliche Traumdeutung ein. Bei dessen Darstellung richte ich mich vornehmlich nach Adlers Veröffentlichung „Menschenkenntnis", worin er wohl am umfassendsten seine Lehre dargestellt hat (Adler 1927, S. 29–41, 71–88; 1931; Rattner 1961, S. 11–46).

5.1 Der Aufbau der Person

Für Adler ist der Mensch grundsätzlich ein soziales Wesen. Er lebt eingebettet in die Gemeinschaft seiner Mitmenschen. Er lebt mit ihnen und für sie; und nur wenn er seinen Beitrag zur Gemeinschaft leistet, kann er sein Minderwertigkeitsgefühl neutralisieren. Er ist weder durch das Milieu noch seine biologische Beschaffenheit determiniert, sondern er ist ein sich selbst bestimmendes Wesen mit einem Grad von Freiheit. Darum kann er als ein zeitliches Wesen sich in die Zukunft entwerfen, wodurch sein Leben zielgerichtet und zukunftsoffen ist. Darum können wir sowohl das Leben als auch alle Lebensäußerungen nur als zielgerichtet verstehen. Der Mensch besitzt also grundlegend Subjekthaftigkeit.

Der individuelle Zukunftsentwurf geschieht jedoch immer in Vereinigung mit der Gemeinschaft, Denn nur die Pflege des Gemeinschaftsgefühls kann sowohl die einzelne Person als auch die Gesellschaft höher entwickeln.

Diese Zielausrichtung eröffnet die erste grundlegende Lehre Adlers: die Lebenslinie. Alles menschliche Leben ist Bewegung und als solche auf ein Ziel gerichtet. Dieses Ziel ist, biologisch gesehen, ein Angriffs- und Sicherungsorgan, um sich in seinem Bestand zu erhalten und die Entwicklung sicherzustellen. Das aber kann nicht isoliert geschehen, sondern ausschließlich im Bunde mit dem gesamten den Menschen umgebenden Milieu, seinen Mitmenschen, von denen er Anregung erhält und mit denen verbunden er lebt. So ist der Mensch eine zielgerichtete Einheit. Wenn man das Ziel eines Menschen kennt, kann man ihm helfen, seine Träume zu verstehen. Adler führt ein Beispiel an: Ein junger Mann von 30 Jahren war strebsam und erfolgreich. Er kam mit depressiven Störungen zur Beratung und klagte über Arbeits- und Lebensunlust. In der Therapie erzählt er, dass er kurz vor einer Verlobung stehe, aber eifersüchtig die Verbindung zu lösen gedenke. Adler stellt fest, dass die junge Frau keine Schuld trifft. Adler will nun die Lebenslinie des jungen Mannes herausfinden. Er greift dazu auf frühkindliche Erlebnisse zurück. (Es sei erwähnt, dass Adler Ereignisse des ganzen Lebens berücksichtigt und nicht nur frühkindliche.) Es tritt folgende Erinnerung zutage: Der Patient geht mit seiner Mutter und dem jüngeren Bruder über einen Markt. Im Gedränge nimmt sie ihn, den Älteren, auf den Arm. Sie erkennt ihren Irrtum, setzt ihn ab und nimmt den jüngeren Bruder auf den Arm, während er betrübt neben der Mutter herläuft. Er ist damals vier Jahre alt. Daraus entsteht eine Kindheitsschablone: Er ist nicht sicher, ob nicht ein anderer ihm vorgezogen und er zurückgesetzt werde. Diese Kindheitsschablone wird zu seiner Lebensschablone. Alle Lebensäußerungen zielen darauf ab, dass niemand ihm vorgezogen und er nicht zurückgesetzt werde. Was wir zugleich an diesem Beispiel merken, ist, dass für Adler nicht das Erlebnis an sich wichtig ist, sondern die Stellungnahme des Kindes zu dem Erlebnis. Die Lebenslinie und ihr Ziel finden wir nicht durch die Verknüpfung der Erlebnisse, sondern vielmehr durch die Stellungnahmen. Nur wenn wir diese miteinander verbinden, entsteht die Lebenslinie. Alle Erlebnisse im Leben werden durch dieselben Stellungnahmen versehen.

Die wichtigste Bedingung für die Ausrichtung des Zieles ist die Kultur. Sie verspricht der Person Anpassung und Sicherung. Nun ist es aber entscheidend, wie stark diese Sicherung ist. Wenn schon das Kind ein Plus an Sicherung, mehr als zu seiner Entwicklung nötig wäre, beansprucht, entwickelt sich eine neue Bewegung: die Überhebung, das Streben nach Überlegenheit. Wenn das Kind jedoch zu schwach dafür ist, wählt es das Ziel, auszuweichen, sich vor allen Anforderungen des Lebens zurückzuziehen und leistungslos Unterschlupf zu suchen. Dem entsprechen drei Charaktertypen: der aggressive, der regressive und der gesunde Charakter. Der gesunde ist gekennzeichnet durch Optimismus. Schon das Kind traut sich zu, die ihm gestellten Aufgaben lösen zu können. So entstehen folgende Charakterzüge:

Lebensmut, Offenheit, Verlässlichkeit, Fleiß, Vertrauen, Selbständigkeit, Fantasie und Initiative, Freude etwas zu leisten usw. Dieser gesunde Charakter kompensiert seine Mängel und wandelt sie in schöpferische Energie um. Die beiden anderen Charaktere trauen sich die Lösung der an sie gestellten Aufgaben nicht zu; sie sind pessimistisch. Wenn sie überkompensieren, streben sie Überlegenheit über alle anderen an, sind machthungrig, menschenverachtend, herrschsüchtig, unterwerfen andere unter ihre Macht, trauen ihnen nur Böses zu usw. Oder sie dekompensieren und werden zaghaft, schüchtern, verschlossen, misstrauisch, ängstlich und können die Anforderungen, die das Leben an sie stellt, nicht erfüllen.

Adler kennt zwei Grundtriebe: das Geltungsstreben und das Gemeinschaftsgefühl. Ersteres wird erworben, letzteres ist angeboren. Betrachten wir zunächst das Geltungs- und Machtstreben. Es entsteht durch das Minderwertigkeitsgefühl. Dieses resultiert aus folgenden Ursachen: (1) Der Mensch ist ein Mängelwesen, und so haftet an ihm von Geburt an ein kosmisch bedingtes Minderwertigkeitsgefühl. (2) Minderwertigkeitsgefühle entstehen in jedem Kleinkind, das, wie der Name schon sagt, klein ist gegenüber den großen Erwachsenen. Es muss sich notgedrungen unterlegen fühlen. Nur durch ein berechtigtes Urvertrauen kann es mit diesen „Riesen“ und gewaltigen Gegenständen leben. (3) Bei „Organminderwertigkeit“ sind die Minderwertigkeitsgefühle durch eine körperliche oder geistige Beeinträchtigung bedingt oder dadurch, dass die Betroffenen vom gesellschaftlich (oder in der Peergroup) geforderten Aussehen abweichen. So wurden früher Kinder mit roten Haaren ausgelacht; heute sind es Immigranten, die sich anders kleiden, anders sprechen, sich anders verhalten usw. als die neue Gesellschaft, in der sie als minderwertig behandelt werden und darum Minderwertigkeitsgefühle entwickeln. (4) Wenn Kinder von ihrer Konstitution her schwächlich sind, werden sie von Schul- und Spielkameraden gehänselt ausgelacht und unterdrückt, wodurch Minderwertigkeitsgefühle entstehen. (5) Soziale Minderwertigkeit liegt nach Adler dann vor, wenn Kinder aus einem armen Elternhaus kommen und den Normen der Schul- und Spielkameraden, ja, überhaupt der Gesellschaft nicht genügen können. (6) Auch Erziehungsfehler führen zu Minderwertigkeitsgefühlen. Wenn Kinder zu streng erzogen werden, unterwerfen sie sich den übermächtigen strafenden Eltern. Wenn Eltern hingegen ihre Kinder über die Maßen verzärteln, machen sie sie unfähig, die Anforderungen des Lebens zu erfüllen. Sie fühlen sich minderwertig gegenüber der Realität. (7) Auch durch die Stellung in der Geschwisterreihe kann es zu Minderwertigkeitsgefühlen kommen: Wenn der Erstgeborene seine Position verliert, wenn der Zweitgeborene sich der Überlegenheit des Erstgeborenen nicht entziehen oder ihn nicht verdrängen kann, wenn er als Letztgeborener keine Aussicht hat, die anderen Geschwister zu übertreffen entsteht Minderwertigkeit. (8) In vielen Gesellschaften gelten Mädchen und Frauen als minderwertig. Sie werden benachteiligt gegenüber den Brüdern, werden von diesen vielleicht sogar unterdrückt, und auch die Eltern ziehen oft die Jungen vor. Freuds Lehre von der Klitorisminderwertigkeit der Frau hält Adler für überflüssig, da besondere Minderwertigkeitsgefühle bei Frauen sich sehr einfach durch gesellschaftliche Minderbewertung der Frau erklären lassen.

Wie stellt sich der Mensch nun diesen Minderwertigkeiten? Kann er sich dieser Übermacht von Minderwertigkeiten überhaupt entziehen? Adler sieht folgende Möglichkeiten: (1) Der Mensch kann und soll diese Minderwertigkeitsgefühle kompensieren. Dadurch werden sie in ein gesundes Geltungsstreben verwandelt. Die kosmische Minderwertigkeit hat den Menschen entwicklungsfähig gemacht. Der Mensch ist ja von Natur aus ein kompensatorisches Mängelwesen, das seine natürlichen Mängel kompensierte und dadurch Kultur und Zivilisation schuf. Im persönlichen Leben schafft die Kompensation den seelischen Überbau. Es verschafft dem Menschen ein erfülltes, erfolgreiches und sozial befriedigendes Leben. (2) Wenn das Minderwertigkeitsgefühl zu stark ist und die Fähigkeit zur Kompensation nicht genutzt wird, bildet sich die Überkompensation heraus, das Machtstreben, der Wille zur Macht. Überkompensierende Menschen wollen andere herabsetzen, schädigen und entwerten, sie streben danach, an der Spitze zu stehen, versuchen rücksichtslos ihre eigene Position zu erreichen und zu sichern. Dazu ist ihnen jedes Mittel recht: sie bekämpfen andere, wollen siegen, zerstören den Ruf anderer, sie rächen sich an denen, die die eigenen Privilegien gefährden, sie streben nach Privilegien und Posten. Sie übertreiben die eigene Wichtigkeit, sie sind großsprecherisch, prahlen, versuchen immer zu imponieren, sie lügen und spinnen Intrigen. Sie sind gegen alle und alle sind gegen sie.

Wenn das Minderwertigkeitsgefühl überhand nimmt, dekompensiert der Mensch. Er entwickelt Verhaltensmuster, durch die er sich selbst isoliert, indem er sich zurückzuzieht und sich von allen anderen distanziert. Dekompensierende Menschen sind ängstlich und zaghaft, was sie wiederum distanziert, und zwar von der Realität. Sie leiden und sind krank und hängen sich an andere an, um ihre Hilfe zu erlangen. Sie streben nach Veräußerlichung, um durch Schönheit, Mode, Eitelkeit usw. leistungslos Ansehen zu gewinnen; sie fliehen vor den Ansprüchen der Realität und weichen vor Leistungsansprüchen zurück. Sie wollen passiv Macht ausüben.

Der Gegenspieler des Machtwillens ist das angeborene Gemeinschaftsgefühl. Es ist das Zentrum der Lehre Adlers. Denn für ihn ist der Mensch ein soziales Wesen und all seine Handlungen sind intersubjektiv bezogen. Die Mitmenschlichkeit ist für ihn das Wesen der menschlichen Existenz. Biologisch begründet Adler das Gemeinschaftsgefühl damit, dass der Mensch als ein Mängelwesen nur gemeinschaftlich überleben kann. Psychologisch begründet er es aus der seelischen Struktur des Menschen. Allerdings nimmt das Gemeinschaftsgefühl – je nach Erziehung – verschiedene Formen an. Die Mutter (wir würden heute sagen: die Eltern) muss das Gemeinschaftsgefühl erwecken und entwickeln. Es ermöglicht durch Tugenden wie Verlässlichkeit, Treue, Offenheit oder auch Wahrheitsliebe die Gemeinschaft und ein gutes Leben in ihr. Eine weitere Unterschiedlichkeit erfährt das Gemeinschaftsgefühl durch die Kultur, in der er lebt und erzogen wird. Woran erkennt man das Gemeinschaftsgefühl?

Erwin Wexberg hat folgende Merkmale aufgelistet (Wexberg 1931): (1) *Sachlichkeit*. Ich möchte sie beschreiben als die Fähigkeit zu prüfen, ob Triebansprüche zugelassen werden und das Gewissen keine falschen Forderungen stellt und ob die Realität, wie sie mir begegnet, real ist und ich mich nicht durch Vorurteile und Wünschbarkeiten verführen lasse. (2) *Logik im Denken*. Das bedeutet, dass der Gemeinschaftsmensch sich klar ist über die Folgen seines Handelns. (3) *Bereitschaft zur Leistung*. Der Mitmensch ist bereit, durch seine Arbeit einen Beitrag zur sozialen Verantwortung, dem Fortbestehen der Gesellschaft und ihrer Weiterentwicklung zu leisten. (4) *Bereitschaft zur Hingabe*. Der Mensch ist bereit, Hingabe zu üben gegenüber den Mitmenschen, der Gesellschaft mit ihren Teilsystemen Politik, Wirtschaft, Wissenschaft, Kunst, Familie, Recht, Religion, Medizin, und so ihre Weiterentwicklung zu ermöglichen. (5) *Verantwortung*. Der Mitmensch weiß sich verantwortlich für seine Lebensgestaltung und übernimmt Verantwortung für alles, was in den Umkreis seines Wissens und Könnens fällt. Wir erkennen, dass das Ziel nichts anderes sein kann, als unsere Kinder und Menschen, die wir bilden, zu Mitmenschen zu erziehen und in der Beratung falsche Ziele und eine falsche Lebenslinie zu erkennen und zu verändern. Und zwar in einer Weise, dass der Ratsuchende seine vier Lebensaufgaben Liebe, Arbeit, Gemeinschaft und Lebensmut erfüllen kann. Dazu kann uns die Traumdeutung behilflich sein.

Wenn wir Adlers Lehre auf einen einfachen Nenner bringen, bedeutet das, den Gegensatz Ich-Haftigkeit gegen Wir-Haftigkeit zu Gunsten der Wir-Haftigkeit aufzulösen.

5.2 Adlers Traumdeutung

Adler führt mehrere Beispiele an, wie er Träume deutet (Adler 1927, S. 63–68; S. 103–108): Einer seiner Patienten ging nicht einem Beruf nach, sondern spekulierte an der Börse. Davon träumte er jede Nacht. Er behauptete sogar, dass er immer, wenn er seinen Träumen nicht folge, fehlspekuliere. – Die Lebenslinie ist deutlich: leistungslos erfolgreich sein zu wollen. Das ist die Stellungnahme zum Leben, die diesem Traum zu Grunde liegt.

Eine junge Frau erzählt folgenden Traum: Ihr Mann habe den Hochzeitstag vergessen, und sie habe ihm Vorhaltungen gemacht. Die Frau fühlt sich offenkundig zurückgesetzt. Sie erzählt, dass auch sie den Hochzeitstag vergessen habe, sich dann aber doch an ihn erinnerte und ihren Mann erinnern musste. Allerdings habe er sich bisher immer erinnert. – Es ist offenkundig, dass die Frau Befürchtungen für die Zukunft hat. Sie hat außerdem die Neigung, ihrem Mann Vorhaltungen zu machen. Es zeigt sich, dass sie indirekte Macht über ihn ausüben möchte. Als Adler sie nach frühen Kindheitserinnerungen fragt, erzählt sie folgendes: Als sie drei Jahre alt war, schenkte ihr ihre Tante einen geschnitzten Holzlöffel. Als sie mit ihm am Bach spielte, fiel er ins Wasser und schwamm davon. Darüber trauerte sie viele Tage. Und zwar so sehr, dass es ihrer Umgebung auffiel. Die Befürchtung, die dahinter steckt, ist, dass ihr die Ehe und das Leben davon schwimmen.

Ein anderes Mal träumt sie, ihr Mann führe sie ein hohes Gebäude hinauf. Die Stiegen werden immer mehr. Sie glaubt schließlich, sie sei schon zu hoch gestiegen. Ihr wird schwindlig, sie bekommt einen Angstanfall, und sie stürzt zusammen. Dieser Traum steht in einem engen Zusammenhang mit dem ersten. Die Frau erreicht trotz größter Anstrengungen ihr Ziel nicht, sie dekompensiert, und sie hat eine Lebenslinie des Vermeidung, der Zukunftsbefürchtungen und der indirekten Machtausübung.

Ein Mann erzählt folgenden Traum: Ich mache einen Ausflug mit einer großen Gesellschaft. An einer Zwischenstation müssen alle aussteigen, weil das Schiff zu klein ist, und in der Stadt übernachten. In der Nacht kommt die Nachricht, das Schiff sinke, und alle werden aufgefordert, durch Pumpen das Sinken zu verhindern. Ich erinnere mich, dass ich im Gepäck wertvolle Sachen habe und eile zum Schiff, wo alle bereits an den Pumpen arbeiten. Ich verdrücke mich und suche den Gepäckraum auf. Es gelingt mir, meinen Rucksack durch das Fenster zu mir hinauszuziehen. Neben ihm liegt ein Taschenmesser. Ich nehme es und stecke es ein. Ich treffe einen Bekannten, und weil das Schiff immer tiefer sinkt, springe ich an einer verborgenen Stelle ins Meer und sinke bis auf den Grund. Auf ihm wandere ich weiter und komme an eine tiefe, steil abfallende Schlucht, in die ich hinab muss. Ich rutsche hinunter, es geht immer schneller, und ich fürchte, dass ich erschlagen werde. Endlich bin ich unten angelangt und falle gerade einem Bekannten vor die Füße. Es ist ein junger Mann, der sich während eines Streiks in der Streikleitung engagiert hat und der mir dadurch sowie durch sein freundliches Wesen angenehm aufgefallen ist. Er empfängt mich mit vorwurfsvollem Zuruf, als ob er wüsste, dass ich die anderen auf dem Schiff im Stich gelassen habe: „Was suchst du denn hier?" Ich suche aus der Schlucht herauszukommen, die überall von steilen Wänden umgeben ist, an denen Seile herabhängen. Ich traue mich nicht, sie zu benutzen, weil sie sehr dünn sind. Bei meinen Versuchen hinaufzuklettern gleite ich immer wieder hinunter. Endlich bin ich oben – ich weiß nicht mehr, wie. Oben am Rand der Schlucht führt eine Straße entlang, die durch ein Geländer geschützt ist. Hier gehen Leute entlang und grüßen mich freundlich.

Dies ist ein sehr komplexer Traum. Zunächst befindet sich der Träumer auf einem Schiff – ein Symbol des Selbst –, zusammen mit einer großen Gesellschaft. Dies ist sein Wunschtraum, eingebettet zu sein in eine Gemeinschaft. Denn tatsächlich ist das Schiff zu klein. Sein Selbst hat keinen Raum für Gemeinschaft. Die Nacht ist die Umnachtung seines Lebens. Er ist allein. Auch als alle sich bemühen, sein Selbst zu retten, entzieht er sich ihnen. Stattdessen sucht er seinen Schatz, sein ideales Selbst, und findet es. Allerdings nimmt er ein Taschenmesser mit, ein Destruktionssymbol. Es ist eine Warnung, sich nicht selbst zu zerstören. Er trifft einen Bekannten; aber er weicht ihm sofort aus. Stattdessen springt er ins Meer und sinkt bis auf den Grund. Das Meer ist eigentlich ein Symbol des Göttlichen, aber in diesem Zusammenhang ist es eher das das Leben Verschlingende. Dies wird verstärkt durch die tiefe steile Schlucht, in die er stürzt. Sie ist das Verschlingende, der Absturz des Lebens in den Abgrund. Hier unten tritt ein positives Symbol auf: Ein junger, freundlicher, sozial engagierter Mann, sein positives

Selbst (durch Verschiebung). Er fragt: „Was suchst du denn hier?" Es fordert ihn auf, das Abgründige, Verschlingende, Zerstörerische zu verlassen und ein freundlicher, sozialer Mitmensch zu werden. Dieses positive Selbst weiß, dass der Träumer die Gemeinschaft der Mitreisenden verlassen hat. Es fordert ihn dazu auf, sich dem Leben und der Gemeinschaft zu stellen. Der Träumer versucht nun, die dünnen Seile, die von oben die Schlucht herabhängen, hinaufzuklettern. Es scheint zu gelingen – nur weiß der Träumer nicht, wie. Das bedeutet, das Selbst kennt den Ausweg nicht. Oben ist eine sichere Straße, die durch ein Geländer vor dem Abgrund gesichert ist, auf der Menschen gehen, die ihn freundlich grüßen. Dies ist ein Wunschtraum. Er möchte gern ein Mensch sein, der in einer freundlichen Gemeinschaft lebt. Aber es ist ein unerfüllter Wunsch, denn wie er dorthin gelangen kann, weiß er nicht.

Diese Deutung des Traumes wird durch Befragung des Patienten bestätigt. Seit er fünf Jahre alt war, kränkelte er ständig. Darum kam er nicht in Verbindung mit anderen Kindern. Wenn er sich einem Erwachsenen anschließen wollte, verboten es die Eltern. In der Schule wurde er, kränklich und schwach, von den Mitschülern gehänselt und verspottet; er war der Dumme. Dies verhinderte, dass er in der Schule Freunde fand. Dieser Umstand erzeugte in ihm ein starkes Minderwertigkeitsgefühl. Dies wurde verstärkt durch einen gutmütigen, aber jähzornigen Vater und eine schwache, jedoch herrschsüchtige Mutter. Die Erziehung war hart und autoritär. So musste er, dreijährig, eine halbe Stunde auf Erbsen knien, und er wurde selten, aber schmerzhaft mit einer mehrstriemigen Hundepeitsche geschlagen. Das Minderwertigkeitsgefühl war so extrem ausgeprägt, dass er niemals einen Erfolg erleben konnte, weder in der Familie noch in der Schule, wo er ständig ausgelacht wurde. Einmal las der Lehrer eine schlechte Arbeit von ihm vor und verspottete sie. So vermochte er sich nur zu erhalten, indem er sich von allen Menschen zurückzog. Der Rückzug in der Familie äußerte sich so, dass er darauf verzichtete zu sprechen. So verlor er das wichtigste Kommunikationsmittel, das ihn mit anderen verbunden hätte. Er sprach mit niemandem, und niemand sprach mit ihm. Und so scheiterten auch alle Liebesbeziehungen. Als sich sein Minderwertigkeitsgefühl immer mehr steigerte, floh er in Träume, in denen er Siege und Triumphe erlebte. Dabei trat auch obiger Traum auf. – Wenn wir den jungen Mann beraten wollen, könnte man anknüpfen an das positive Selbst, das im Traum auftrat, und seinen Aufforderungscharakter. Allerdings steht vor uns ein junger Mann mit einem abgründigen Minderheitsgefühl und einer Lebenslinie, die ihn bis in die Zukunft hinein vor der Wirklichkeit fliehen und sich in Träume flüchten lässt.

Der Traum gibt also symbolisch die Bewegungslinie eines Träumers wieder. Wenn das Unbewusste eine Lösung anstrebt, dann erfährt der Traum einen Schwung und eine Verstärkung. So wird die Bewegungslinie des Träumers deutlich.

5.3 Konklusion

Adlers Beitrag zur Traumdeutung ist die Entdeckung des Aufforderungscharakters, den Träume aufweisen, wenn sie zielgerichtet sind und einen Weg in die Zukunft zeigen. Auch erkannte er, dass man anhand von Träumen Kompensation, Überkompensation, Dekompensation und Gemeinschaftsgefühl feststellen kann. Darüber hinaus ist es seit Adler möglich, aus Träumen die Lebenslinie zu konstruieren, die zur „Menschenkenntnis" notwendig ist.

6 Die Traumdeutung nach C. G. Jung

C. G. Jung entwickelte eine selbständige und wichtige Variante der Tiefenpsychologie und auch zur Traumdeutung.

6.1 Der Aufbau der Person

Wesen und Struktur der Psyche

Auch Jung unterscheidet zunächst grundsätzlich Bewusstes und Unbewusstes. Das Unbewusste differenziert sich in das persönliche Unbewusste, das kollektive Unbewusste und den Teil des kollektiven Unbewussten, der niemals in das Bewusstsein gehoben werden kann. Betrachten wir diese psychischen Anteile der menschlichen Person im Einzelnen (Jacobi 1977, S. 17–56, 109–135; Jung 1951, S. 65–106).

Das Ich und seine Bewusstseinsfunktionen

Es gibt vier grundlegende Bewusstseinsfunktionen des Ich: wahrnehmen, denken, intuieren und fühlen. Denken ist die Fähigkeit zur Erkenntnis, d. h. begriffliche Zusammenhänge und logische Folgerungen verstehen zu können. Es dient dem Verstehen der Welt und der Anpassung an sie. Fühlen ist die Gegenposition zum Denken. Auch das Fühlen ist eine Weise zu urteilen, nämlich über angenehm/unangenehm, annehmen/ablehnen u. a. Beide, denken und fühlen, sind wertend. Das Denken urteilt über wahr/falsch, das Fühlen über Lust/Unlust. Die anderen beiden Funktionen, wahrnehmen und intuieren, sind nicht rational. Wahrnehmungen bedürfen der Bewertung und Sinnvermittlung. Die Wahrnehmung nimmt die Realität wahr, so wie sie ist; sie ist der Sinn für die Realität überhaupt. Das Intuieren ist ebenfalls eine Wahrnehmungsfunktion, allerdings bedient es sich hierfür nicht der Sinnesorgane; es ist die Fähigkeit zur inneren Wahrnehmung, durch die das Innere der Dinge betrachtet wird oder sogar, was hinter ihnen liegt. Warum Jung gerade diese vier Funktionen annahm, konnte er nicht nachweisen; er gewann sie aus der Erfahrung. Wenn alle vier Funktionen entwickelt werden, ist das Ich vollständig. In unserer griechisch, römisch und katholisch-christlich geprägten Kultur galten traditionell das Wahrnehmen und das Denken als das Höherwertige, das Intuieren und das Fühlen dagegen als minderwertig. Ersteres wurde dem Mann zugeordnet, letzteres der Frau. Auch hier galt der Mann also als höherwertig, die Frau dagegen als minderwertig. Die Aufgabe eines jeden Menschen ist es, sich auch die beiden anderen Bewusstseinsfunktionen anzueignen. Der Mann muss also intuieren und fühlen lernen, die Frau hingegen wahrnehmen und denken. Nur so können beide ein vollständiges Ich entwickeln.

Die Persona

Sie umhüllt gleichsam das Ich mit seinen vier Bewusstseinsfunkionen. Sie stellt die Beziehung des Ich zur Außenwelt her. Sie ist gleichsam der Kompromiss zwischen dem Ich und der Gesellschaft, das, was die Person erscheint, das Bild, das sie darstellt. Die Persona erfüllt drei Funktionen: Erstens legt sie fest, wie der Mensch sein Ich-Ideal verwirklichen möchte. Zweitens hilft sie ihm, dem Bild zu entsprechen, das die Gesellschaft von ihm fordert. Drittens erhält sie die psychische und physische Grenze zwischen dem Ich und der Gesellschaft aufrecht. Wenn die Persona sich zu sehr an die Außenwelt anpasst, entsteht ein Mensch ohne eigene Eigenschaften, ein Massenmensch. Passt sie sich nicht an, entsteht ein Einzelgänger oder, wie Jung meint, ein Rebell. Die gesunde Persona passt sich an, und gleichzeitig erlaubt sie dem Ich, sich zu verwirklichen. Zur Persona gehören alle Umgangsformen, alle Formen unserer gesellschaftlichen Erscheinung, Haltung, Gang, Haartracht, Kleidung, unsere Gesichtszüge, das Stirnrunzeln, das Lächeln, unser Seufzen und vieles mehr. Dabei bietet die Persona einen elastischen Schutzwall gegenüber der Umwelt, der uns einen natürlichen Umgang mit der Gesellschaft erlaubt, aber auch – wenn notwendig – Dinge verbergen kann. Wenn die Persona jedoch erstarrt, dann wird das Ich erstickt. Es verliert sich an die Persona; und dann ist der Mensch nicht mehr er selbst, sondern seine Rolle. Er ist dann identisch mit der Rolle als Amtsinhaber, Professor, Chef usw. Wenn z. B. ein Unternehmer sich mit seinen Chefsessel identifiziert und zu Hause gegenüber seiner Frau und seinen Kindern dieselbe Chef-Rolle spielt, kann das nicht gut gehen (ein Beispiel aus meiner Beratung). Die Persona muss darum außerordentlich vielfältig und variabel sein und sich an unterschiedliche Situationen anpassen können.

Die Inhalte des Unbewussten

Die Inhalte des Unbewussten sind: (1) das persönliche Unbewusste mit seinen Erinnerungen, Vergessenem, Verdrängtem, unterschwellig Wahrgenommenen, Gedachtem und Gefühlen aller Art. Es korrespondiert mit dem Bewussten. Ihm gegenüber stehen (2) das kollektive Unbewusste mit seinen Emotionen und Invasionen (die zwischen Bewusstem und Unbewusstem vermitteln) und (3) jener Teil des Unbewussten, der nicht bewusst gemacht werden kann. Dieser durchdringt alle Schichten der Psyche bis hin zur Individualpsyche. Das kollektive Unbewusste ist sozusagen der Mutterboden der Psyche, die Erbmasse zahlloser Generationen.

Die Inhalte des persönlichen Unbewussten entstehen aus der Lebensgeschichte des Individuums, dem Verdrängten, das lebenslang aufgefüllt wird. Dagegen sind im kollektiven Unbewussten nur Wesenszüge der menschlichen Art vorhanden.

Der Komplex

Komplexe sind sowohl bewusst als auch unbewusst ist: Sie wurzeln im Unbewussten und sind dort am stärksten ausgeprägt, reichen aber ins Bewusste hinein. Sie bestehen aus einer Gruppe abgesprengter Persönlichkeitsanteile, die sich vom Bewussten abgetrennt haben und nun autonom und willkürlich funktionieren. Sie bewegen sich im Unbewussten, machen sich aber immer wieder im Bewussten geltend.

Wenn sie dies tun, entziehen sie dem Ich Energien. Weil Komplexe teils bewusst, teils unbewusst sind, nennt C. G. Jung sie den Königsweg zum Unbewussten.

Alle Menschen haben Komplexe. Dies ist keine Minderwertigkeit. Sie zeigen lediglich an, dass Unvereinbares, Unassimiliertes und Konflikthaftes existiert, vielleicht aber auch ein Anreiz zu größeren Anstrengungen und damit ein Weg zu größeren Erfolgen.

Young führt einige Beispiele für Komplexe an, die er Schemata nennt (Young 2005; Meier 2013): (1) Abgetrenntheit und Ablehnung, z. B. emotionale Verlassenheit; (2) Beeinträchtigung von Autonomie und Leistung, z. B. Erfolglosigkeit; (3) Beeinträchtigung im Umgang mit Begrenzungen, z. B. Anspruchshaltung und Grandiosität, Imponiergehabe; (4) Fremdbezogenheit, z. B. Aufopferung; (5) Übertriebene Wachsamkeit und Gehemmtheit, z. B. überhöhte Standards als Anspruch an sich selbst und gegenüber anderen.

Die Archetypen und der Individuationsprozess

Urbilder aus der Mythologie und der Menschheitsgeschichte, die Archetypen, haben eine das ganze Seelenleben bestimmende Bedeutung, weil sie außerordentlich energiegeladen sind. Später unterscheidet Jung Archetypen an sich, die zwar in allen seelischen Vorgängen enthalten sind, aber nicht erkannt werden können, von den aktualisierten, wahrnehmbar gewordenen Archetypen, die in das Bewusstsein eingedrungen sind. Archetypen sind nicht statische Urbilder, sondern dynamisch-prozesshaft. Sie sind die eigentlichen Wurzeln des Bewusstseins. Dabei können wir noch einmal unterscheiden zwischen Archetypen, die von der ganzen Menschheit geteilt werden und solchen, die nur in einer größeren oder kleineren Gruppe von Menschen, wie Kultur oder Volk, vorkommen.

Die Gesamtheit der Archetypen bildet den Inhalt des kollektiven Unbewussten. Ihre Menge ist begrenzt, denn sie entspricht den Grundmöglichkeiten, die die Menschen in ihrer Geschichte erfahren haben. Darum sind die Archetypen auch in allen Mythen ähnlich. Sie sind enthalten in allen Mythen, Märchen, religiösen Überlieferungen und Mysterien. Vor allem sind die Archetypen Urbilder des kollektiven Unbewussten, die ein zwar begrenztes, aber doch großes Reservoir an Symbolen enthalten, auf die sich die Menschen aller Kulturen beziehen.

Der Vorgang, Archetypen ins Bewusste zu heben, ist zugleich der Weg zur Individuation, d. h. zur Selbstwerdung. Es sind grundlegende Archetypen, die in die Gesamtpersönlichkeit integriert werden müssen, das sind der *Schatten*, *Anima* und *Animus* sowie das *Selbst* (Jung 1951).

Der erste Schritt ist die Integration des *Schattens*. Dieser Schatten kann zunächst ein persönlicher Schatten sein. Wenn der Mensch beispielsweise von seinen vier Bewusstseinsformen nur eine verwirklicht, sinken die anderen drei in den Schatten hinab. Es gilt nun, die drei verdrängten Bewusstseinsformen zu entwickeln, um den persönlichen Schatten aufzulösen. Der kollektive, archetypische Schatten entspricht der dunklen Seite des Selbst: All dem, was an Bösem und Dunklem in uns angelegt ist. Aber er kann auch die positive Seite einer Person sein, die sich im Schatten befindet, die also unsichtbar ist und noch nicht verwirklicht wurde. Dieser positive Schatten fordert auf, diese Seite der Psyche zu entwickeln und zu verwirklichen. Grundsätzlich gilt jedoch: Je unbewusster der Schatten bleibt, umso schwärzer wird er. Darum ist es unsere Aufgabe, den Schatten von unsrem Bewussten zu unterscheiden, ihn als einen Teil unsres Selbst anzuerkennen und ihn allezeit bewusst zu halten. Dies ist zugleich eine moralische Leistung. Sie wird durch die Erziehung vorbereitet, die schon dem Kind beibringt, dass es nicht nur gut ist. Jung weist auf eine Gefahr des Schattens hin. Menschen, die ihren eignen Schatten nicht anerkennen, projizieren ihn in andere Menschen hinein, vor allem in Fremde, fremd Aussehende, vom normalen Bild in Mode, Haartracht, Lebensstil usw. Abweichende, in körperlich oder geistig Behinderte, in Gebildete, kurz: in alle, die vom geforderten gesellschaftlichen Bild abweichen. Diese Personen, die ihren Schatten projizieren, glauben, durch diese Projektion sich von ihrem negativen Schatten befreien zu können; aber natürlich irren sie sich. Ihr Schatten wird durch diese unsittliche Projektion immer schwärzer.

Der zweite Schritt auf dem Weg zu Selbstwerdung ist die Integration von *Anima* und *Animus*, die erst möglich wird, wenn der Schatten in das Bewusste eingegliedert ist.

Die Anima ist das Urbild der Mutter, also nicht der realen Mutter, sondern des Archetypus der Mutter. Sie symbolisiert das Umhüllende, aber auch das Um- und Verschlingende. Der Mann, wenn er erwachsen ist, sucht in der Frau immer noch die Mutter, zu der er vor der bösen, kalten Welt flieht. Es gibt Mütter, die ihren Sohn nicht hergeben wollen, die ihn umhegen und aufopfernd umsorgen und ihn nicht zum Mann werden lassen, wenn er heiratet und sich von der Mutter löst. Die Integration des Mutterbildes besteht darin zu erkennen, dass es im Unbewussten das Bild der Mutter gibt, das zugleich das Bild der Tochter, der Schwester, der Geliebten, der himmlischen Göttin, der Hexe, des Engels, der Zauberin, der Hure, der Gefährtin, der Amazone usw., aber auch der abgründigen Zerstörerin enthält. Die Anima hat also eine dunkle und eine lichte Seite. Jeder Mann trägt in sich dieses Urbild der Mutter und Geliebten. Die Gefahr ist, dass er dieses Urbild in die Frau, die er heiratet, hineinprojiziert und von ihr verlangt, was sie gar nicht ist. Erst wenn er dieses Bild auflöst und integriert, kann er die reale Frau lieben. Gleichzeitig aber ist es seine Aufgabe, das Weibliche in sein Ich zu integrieren, um ganz und vollständig zu werden. Im Bewussten kann dies bedeuten, intuieren und fühlen zu lernen.

Der *Animus* ist das Urbild des Vaters, das jede Frau in ihrem kollektiven Unbewussten in sich trägt. Es ist das Bild vom Verführer, vom weisen Alten, vom starken, heldenhaften Mann, vom Zauberer u. a. Für die Frau besteht die Gefahr darin, ein Urbild des Mannes zu suchen und von ihrem Ehemann zu erwarten, dieses zu erfüllen, obgleich er ein realer Mann ist und kein Archetypus. Es gibt Frauen, die unablässig nach diesem Animus-Mann suchen, ohne ihn zu finden. Ihre Aufgabe ist es, den Animus zu integrieren, um eine vollständige Frau zu werden. In Bezug auf die Bewusstseinsfunktionen bedeutet dies, sich Wahrnehmen und Denken anzueignen. Dies ist die positive Seite des Animus: In der urtümlichen Gestalt des Vaters drückt sich auch das aus, was wir Geist nennen.

Das *Selbst* zu integrieren ist der letzte Schritt zur Selbstwerdung. Zwischen dem Ich und dem Selbst müssen genaue Grenzen gewahrt bleiben. Denn das Ich hat die Aufgabe, dem Menschen die Beziehungen zur Außenwelt zu ermöglichen und sich ihr anzupassen. Dazu dienen die vier Bewusstseinsformen. Das Selbst hingegen ist der Archetypus, der die Ganzheit symbolisiert. Wenn das Selbst ins Ich eindringt und es besetzt, dann wird dem Ich seine Energie entzogen und vom Selbst genutzt. Dann entsteht eine Inflation des Ich mit Größenwahn, Imponiergehabe, Übervorteilung und Instrumentalisierung anderer usw. Wenn hingegen das Selbst das Ich assimiliert, dann geht die Aufgabe des Ich, in der Realitätswelt zu leben, verloren, und unbewusste Inhalte treten die Herrschaft an. Die Folge ist katastrophal. Vor allem verharrt das Bild von der Ganzheit im Unbewussten und kann nicht verwirklicht werden; stattdessen herrschen unbewusste Zustände vor, die den Menschen lebensunfähig machen. Wenn jedoch die Grenzen zwischen dem Ich und dem integrierten Selbst genau bemessen sind, dann kann der Mensch seine Aufgabe der Selbstwerdung vollenden.

6.2 C. G. Jungs Traumdeutung

Wie bereits erwähnt, betrachtet Freud den Traum als eine Psychose, die jedoch vom Ich eingeleitet und wieder beendet wird. Ähnlich zeigt Jung, dass im Traum Raum und Zeit, ja sogar die Materie und die Naturgesetzte, namentlich die Kausalität, aufgehoben sind. Hinzu kommt, dass der Traum eine Bildersprache ist. Darum sind Träume oft rätselhaft und vieldeutig. Dennoch kann man sie deuten (Jung 1965, S. 7–21; Jacobi 1977, S. 74–104; Springer 2000, S. 114–125).

Bei jeder Traumdeutung ist die Subjektstufe von der Objektstufe zu unterscheiden. Auf der Subjektstufe erscheinen alle Figuren als personifizierte Züge des Träumers. Die Figuren sind der Realwelt entnommen, aber verfremdet. Oft sind sie personifizierte Figuren, die den Träumer selbst darstellen. Auf der Subjektstufe wird auch der Träumer befragt, wie er seinen Traum in seine Lebensgeschichte einbetten kann. Jung erläutert an einem Beispiel, wie wichtig die subjektive Deutung ist: Jemand träumt von einem Tisch. Aber was für ein Tisch ist das? Wir können dies nur aus der Lebensgeschichte des Träumers erfahren: Es ist gerade der Tisch, an dem sein Vater saß, als er dem Sohn die finanzielle Unterstützung versagte und ihn als Taugenichts aus der Wohnung warf. Die glänzende Oberfläche des Tisches starrte ihn an als ein Symbol seiner grenzenlosen Untauglichkeit. Damit haben wir den Traum nicht gedeutet, aber die Bedeutung des Tisches ist klar geworden. Darum ist die Subjektseite des Träumers wichtig. So werden wir bei jeder Traumdeutung sowohl die Lebensgeschichte als auch die Einfälle des Träumers beachten. Jung nennt auch hierfür ein Beispiel: Ein junger Mann behauptete in der Beratung, dass er glücklich verlobt sei, und zwar mit einem Mädchen aus „gutem Hause". In den Traumsequenzen jedoch trat dieses Mädchen oft in negativer Weise auf. Kurz vor der Verlobung verfiel der junge Mann in eine Depression. Jung bat ihn, Nachforschungen anzustellen. Diese bestätigten die unbewussten Befürchtungen. Es waren also Warnträume. Dies zeigt, dass die Subjektseite des Traumes wichtig ist; doch sie erfasst noch nicht seine volle Bedeutung. Die Objektstufe führt nun zur eigentlichen Traumdeutung. Auf der Objektstufe geht es um die Archetypen, die im Traum auftreten. Für ihre Deutung ist der Fachmann zuständig. Er ist der Lehrer oder auch, im Sinne Sokrates', die Hebamme, die durch ihre Kenntnis der Mythologie die alten Menschheitssymbole zu deuten weiß.

Es gibt drei Traumtypen. (1) Der erste stellt eine Reaktion auf Tagesereignisse dar. Es können sich aber als eine Kompensation unbewusste Teile anhängen. (2) Zweitens kann das Unbewusste so sehr das Übergewicht erhalten, dass es zu einem Gefälle vom persönlichen Unbewussten zum Bewussten kommt. Hier entstehen bereits bedeutsame Träume. (3) Drittens können Trauminhalte ausschließlich aus dem Unbewussten, und zwar dem kollektiven Unbewussten, kommen. Dies sind Bilder aus der Urzeit der Menschheit. Sie erzeugen die großen Träume. Für sie gibt Jung zwei Beispiele an: Ein junger Mann träumt von einer großen Schlange, in einem unterirdischen Gewölbe eine goldene Schale bewacht.

Die subjektive Seite der Traumdeutung brachte kein Ergebnis. Der junge Mann hat noch nie ein Erlebnis mit Schlangen gehabt. So muss die objektive Seite der Deutung die Symbole archetypisch deuten. Die Schlange ist ein Ursymbol für langes Leben und die Wiedergeburt. Die Höhle bedeutet die umhüllende Urmutter oder auch das Land jenseits des Tagesbewusstseins. Der goldene Teller ist ein Symbol seines wertvollen Selbst. Der Traum fordert ihn also dazu auf, sich im Leben zu bewähren und sich zu wandeln zur reifen Lebensmitte.

Eine Frau in hoher sozialer Stellung träumt immer wieder, dass sie eine Prostituierte sei. Dieser Traum dürfte kaum unerfüllte sexuelle Bedürfnisse präsentieren. Ich denke, dies ist ihr Schatten. Sie ist nämlich im Wachzustand hochmütig und sehr von sich eingenommen. Der Traum sagt ihr, dass sie in ihrem negativen Selbst wertlos und verachtungswürdig sei. Sie muss also ihren Schatten integrieren, das bedeutet, ihren Hochmut senken, sozial und menschenfreundlich werden.

Für Jung ist jeder Traum ähnlich wie ein Drama strukturiert. Er beginnt mit der Exposition, z. B. der Ortsangabe, den handelnden Personen, vielleicht einem Verkehrsmittel, der Kleidung, einer Zeitangaben usw.

Die zweite Phase ist die Verwicklung. Z. B.: Ich bin auf einer Allee. In der Ferne taucht ein Auto auf und nähert sich mir rasch. Es fährt sehr unsicher. Ich vermute, der Fahrer ist betrunken. – Frau Meier will mir etwas zuflüstern, was mein Freund, der bei uns sitzt, nicht hören soll. – Die Situation, in der wir uns befinden, ist ausweglos. Wir wissen nicht, wie es weitergehen soll.

Die dritte Phase ist die Kulmination (der Höhepunkt) bzw. die Peripetie (der Umschwung). Hier geschieht etwas Wichtiges und Entscheidendes oder etwas schlägt um in sein Gegenteil. Z. B.: Plötzlich bin ich im Auto und bin selbst der scheinbar betrunkene Fahrer. Aber ich bin nicht betrunken, sondern extrem unsicher und außerstande, das Auto zu steuern. Ich kann auch nicht bremsen, sondern fahre mit Krachen in eine Mauer.

Die vierte Phase ist die Lysis, die Lösung bzw. das durch die Traumarbeit erzielte Ergebnis. Z. B.: Ich bemerke, dass das Vorderteil des Autos eingedrückt ist. Es ist auf einmal ein fremdes Auto, das ich nicht kenne. Auch bin ich unverletzt. Ich denke darüber nach, dass ich verantwortlich bin. Das Resultat besteht also darin, dass nach einer Phase der Verwirrtheit und Orientierungslosigkeit eine neue Besinnlichkeit eingetreten ist. Allerdings halten sich nicht alle Träume an dieses 4-Phasen-Modell.

Wenn wir träumen, stimmen die Traumgedanken, das Unbewusste, nicht mit dem Wachbewusstsein, dem Ich, überein. Das zeigt die Autonomie des Unbewussten an. Es gehorcht nicht unserem Willen, sondern stellt sich ihm sogar entgegen. Aber nicht immer ist der Gegensatz so ausgeprägt. Das Unbewusste kann sogar Inhalte des Bewussten ganz und gar übernehmen. Dies nennt Jung die *Kompensation*, die Möglichkeit eines Ausgleichs zwischen Bewusstsein und Traum.

Unter *Konditionalismus* versteht Jung, dass sich nur unter bestimmten Bedingungen Träume entwickeln können. Ausschlaggebend sind darum immer die gegenwärtigen Bedingungen.

Unter *Amplifikation* versteht Jung die Arbeit des Fachmannes, der zu den Elementen des Trauminhaltes sinnverwandtes oder analoges Material von Bildern, Symbolen, Mythen usw. verwendet, um die Deutung des Traumes zu bereichern, also zu erweitern. Für die Deutung der Traumbilder ist demzufolge die Kenntnis der Symbole, und zwar der Menschheitssymbole, von entscheidender Bedeutung. Hierfür unterscheidet Jung zwischen Symbol, Zeichen, Metapher und Allegorie (Müller-Spahn 2005, S. 20–22). So ist die Signalflagge eines Schiffes ein Zeichen für eine ganz bestimmte Botschaft. Sie ist, wie gesagt, ein Zeichen. Mit seiner Übersetzung endet seine Bedeutung. Eine Allegorie ist beispielsweise das Standbild der Justitia als eine Frau mit verbundenen Augen und einer Waage in der Hand. Zwischen dem Bild und seiner Bedeutung steht eine gedankliche Verbindung, die das Gemeinte erschließt. Personifizierte Figuren geben oft durch Gebärden, Kleidung, Eigenschaften, Gegenstände oder Inschriften Hinweise auf ihre Bedeutung. Eine Metapher ist ein sprachliches Ausdrucksmittel, bei dem ein Wort durch ein Gleichnis ersetzt wird, z. B. Flussarm, Fuß des Berges, schreiende Farben, faule Ausrede u. a. Ein Symbol hingegen hat für Jung einen Ausdrucks- und einen Eindruckscharakter, weil es einerseits das innerseelische Geschehen ausdrückt und, wenn es Bild geworden ist, einen Eindruck auf den Betrachter ausübt. Es ist ein Sinn-Bild.

Denn es ist sowohl ein Bild als auch ein Sinnhaftes. Das bedeutet, dass hinter dem Bild zeitlos Seiendes ist. Auch ist es als Sinn dem Bewussten zugeordnet, als Bild dem kollektiven Unbewussten. Darum spricht es den ganzen Menschen in seinem Bewussten wie in seinem Unbewussten an. So ist das Symbol, der Archetypus, ein uraltes, vorzeitliches Bild, das der Träumer individualisiert hat, für sein Bedürfnis gewählt und gestaltet hat. Dies ist ein wichtiger Vorgang. Denn die Archetypen bilden nicht nur die „Großen Träume", sondern dienen zugleich der Ganzwerdung des Menschen, vor allem die Archetypen Schatten, Anima, Animus und Selbst.

6.3 Konklusion

Die Leistung Jungs war die Entdeckung des kollektiven Unbewussten und der in ihm enthaltenen Archetypen. Nur mit ihrer Kenntnis lassen sich Träume so interpretieren, dass sie das Leben deuten.

7 Traumsymbole und Archetypen

Die folgende Darstellung orientiert sich an Kurth (1985, S. 41-84), Volkmer (1954, S. 79-128) und vor allem Schliephacke (1970).

Aggressionsträume: Sie treten in jedem Lebensalter auf und beinhalten Aggressionen gegen andere Personen, die abgelehnt werden. Dabei kann diese Person der Träumer selbst sein (Verschiebung). Dann steht der Träumer in Gefahr, sich selbst zu zerstören. Vielleicht ist er im Entzug von einer Droge oder er vernachlässigt den Beruf oder er lebt gefährlich.

Angstträume: Auch sie werden lebenslang geträumt und können in verschiedenen Bildern und Symbolen auftreten; beispielsweise wilde Tiere oder der Teufel, der Fall einen Abgrund hinab u. a.

Aufgabenträume: In den Mythen werden – meist drei – Aufgaben gestellt, in denen der Prüfling seine körperliche und geistige Gewandtheit beweisen muss. Meist schließen die Aufgaben Bewährungsproben ein. Im Traum bedeutet dies, die Lebensaufgaben zu erfüllen.

Backen und Backofen im Traum: Mit dem Backen verbindet sich die Tüchtigkeit der Frau, die dadurch das Leben erhält. Mit dem Backen ist auch die Fruchtbarkeit verbunden.

Im Backofen wandelt sich das Samenkorn zum Lebensbrot. So wird der Backofen zum Symbol der Wandlung, der Geburt und der Wiedergeburt.

Das Brot symbolisiert das Leben und die Lebensmöglichkeit. Da es aus dem Korn gewonnen wird, ist es auch ein Wandlungssymbol. Im Traum kann es zudem für den Leib eines geliebten Menschen stehen. Im Christentum ist das Brot ein Zeichen für die Gottheit.

Ball, Ring, Ei, Apfel im Traum: Der Ball hat eine vollkommene Form und ist darum ein Symbol für Weisheit und Lebenswissen und damit auch für Schöpfungs- und Zeugungskraft. Interessant ist, dass der Ball zugleich eine Tanzveranstaltung ist. So zeigt er auch Liebe und Kennenlernen an. Auch ist der Ball oftmals ein Symbol des Selbst, besonders, wenn es ein goldener Ball ist.

Der Ring ist ein Vollkommenheitssymbol und ein Symbol des Selbst. Er stellt auch die Verbindung zu einer Gottheit her. In manchen Zusammenhängen besitzt er Zauberkraft. Vor allem besiegelt er die Unauflösbarkeit des Bundes zwischen zwei Menschen. Wenn der Ring im Traum eine wichtige Rolle spielt, muss die rechte Deutung durch den Zusammenhang gefunden werden.

Das Ei zeigt die Entstehung des Lebens aus dem Leblosen an. Es ist das urtümliche, schlafende Leben, in dem Himmel und Erde noch vereinigt sind, das Männliche und das Weibliche vor ihrer verhängnisvollen Trennung. Gleichzeitig ist es auch ein Symbol der Unsterblichkeit. So ist das Ei nicht ein Fruchtbarkeitssymbol, sondern ein Bild für die Ewigkeit und die ewige Wiederkehr des Lebens.

Der Apfel ist sowohl ein Liebeszeichen als auch ein Weisheits- und Erkenntnissymbol. So ist auch der Apfelbaum ein Baum der Weisheit. In vielen Mythen ist der Apfel eine heilige Frucht der jeweiligen Liebesgöttin. Dadurch ist er auch ein Fruchtbarkeitssymbol. So ist er eine sowohl erkenntnisvermittelnde als auch zeugende Frucht. Interessant ist auch der Apfel als Reichsapfel, als Staatssymbol.

Brunnen im Traum, See, Fluss, Meer, Sumpf: Der Brunnen bzw. die Quelle ist der Eingang der Unterwelt, und zwar der mütterlichen. Es ist der Zugang zu den mütterlichen Lebenskräften. Im Traum bedeutet er, dass der Träumer sich den mütterlichen Kräften öffnen soll.

Der See ist ein übersichtlicher Wasserspiegel. Wenn er umgeben ist von grünen und blühenden Gewächsen und Bäumen ist er eine Idylle, ein wunderschöner Ort, aber jenseits aller Realität.

Der Fluss bedeutet den Lebensverlauf. Was auf ihm geschieht, erscheint als Trauminhalt. Das Flussufer bedeutet für den Schwimmer unter Umständen Rettung, für ein Schiff endet die Fahrt, und die Gäste steigen aus, oder es wird entladen. Auch das Flussufer lässt je nach Zusammenhang viele Deutungen zu. Meist sind sie positiv.

Das Meer steht für das Unendliche, aus dem alles kommt, die Gottheit. Es ist das ständig Bewegte und alles Bewegende. Am Strand zu stehen und das Meer zu betrachten, das kann zur seelischen Einswerdung mit der Gottheit führen.

Der Sumpf bringt eine Fülle von Pflanzen hervor und ist darum ein Symbol der Fruchtbarkeit. Er ist ein Ursymbol, das anzeigt, dass die Verbindung von Wasser und Erde die Urzeugung darstellt. Aber diese ist ungeordnet, chaotisch und zügellos. So symbolisiert der Sumpf im Traum das Ungeordnete der Tiefenseele. Die Aufforderung ist, die zeugenden, schöpferischen Kräfte des Unbewussten zu nutzen, aber zu ordnen und zu zügeln.

Entlastungsträume: Sie steigen aus dem Unbewussten auf und reichen oft bis in die Kindheit zurück. Sie bieten Entlastung durch Wunschbilder, die einen Ersatz bieten für Wünsche, die in der Realwelt nicht erfüllt werden können.

Farbträume: Träume können nicht nur schwarz-weiß, sondern auch farbig sein.

Farben haben eine symbolische Bedeutung. Schwarz und Weiß symbolisieren Böse und Gut. Verfolger im Traum sind in der Regel schwarz. Weiß gekleidet hingegen sind die guten Mächte, wie Feen und Elfen oder auch Engel.

In den alten Mythen bedeutet Blau den Himmelsmantel der weiblichen, während Gold die Vollkommenheit und das gute, ewige Gesetz der männlichen Himmelsgottheit ist.

Für sich allein stehend deutet Schwarz die dunkle Seite des Menschen an, seinen Schatten. Schwarz ist aber auch der fruchtbare Boden, aus dem das Leben sprießt.

Rot ist die Farbe des Blutes oder auch des Feuers. Darum symbolisiert es das Lebendige.

Weiß ist die Farbe der Weisheit. Gleichzeitig ist sie die Farbe der Reinheit und der Schuldlosigkeit. Darum kann sie Unheil abwenden.

Feuer, Luft, Wasser und Erde im Traum: Die Entdeckung und Beherrschung des Feuers ist neben der Erfindung von Werkzeugen und der Entwicklung der Sprache grundlegend für die Menschwerdung überhaupt und für die Beherrschung der Natur. Feuer ist ein ambivalentes Symbol. Es kann wärmen, Speise herstellen, aber auch verbrennen und zerstören. Darum unterscheidet man Feuerträume und Brandträume. Das Herdfeuer war in der alten Zeit heilig. Es erlaubte, Nahrung zuzubereiten oder machte sie überhaupt erst genießbar; es bot einen Schutz vor Raubtieren; es ermöglichte, in kälteren Landschaften zu siedeln; und es war darüber hinaus der soziale Mittelpunkt der Sippe. Es wurde von der Frau, der Herrin, gehütet. Das Neugeborene wurde ans Herdfeuer getragen, ehe es seinen Namen erhielt. Und noch heute brennt in katholischen Kirchen das ewige Licht. So stellt das Feuer das Lebendige, das Leben, dar. Wenn die Lebensflamme erlischt, stirbt der Mensch. Aber darüber hinaus hat das Feuer auch reinigende Kraft. Somit ist die Flamme auch ein Wandlungssymbol, das den Träumer auffordert, sein Leben in Ordnung zu bringen und ein gereinigtes, neues Leben zu führen.

Das Wasser ist ähnlich dem Feuer ein Ursymbol der Menschheit. Der Mensch, zu 70-80 % aus Wasser bestehend, sieht das Wasser als Symbol seines Selbst mit seinen bewussten und unbewussten Inhalten an. Wenn das Wasser sauber ist, zeigt es einen harmonischen Seelenzustand an, während trübes Wasser das Gegenteil bedeutet: Unsicherheit und mangelnde Selbsteinsicht. Sich im Wasser zu spiegeln (ein häufiges Symbol in Sagen und Märchen) kann ein Mittel zur Selbsterkenntnis sein, aber kennzeichnet auch die narzisstische Persönlichkeitsstruktur eines Menschen, der sich eitel im Wasser bewundert. Fließendes Wasser – Bach, Fluss, Strom – auf dem sich der Träumer bewegt, symbolisiert den Lebensweg, wobei die weiteren Trauminhalte ihn charakterisieren. Vor allem ist das Wasser ein Wandlungssymbol: Das Hinabtauchen und das Auftauchen aus dem Wasser symbolisiert das Sterben des alten Menschen und das Auferstehen eines neuen; das Absterben einer vergangenen Entwicklungsphase und das Eintreten in eine neue. Drei Grundbedeutungen können dem Wasser zugeschrieben werden: Es spendet Leben, es verschlingt den Ertrinkenden, und es reinigt.

Die Luft wurde erst spät entdeckt. In der urtümlichen Gesellschaft war sie unbekannt. Erscheinungen wie Wind, Sturm usw. wurden Göttern oder Geistern zugeordnet. Erst die frühen griechischen Philosophen scheinen die Luft als eigene Erscheinung entdeckt zu haben. Luft ist unverzichtbar. Ohne sie kann niemand leben. Was nicht atmet, kehrt in die tote Materie zurück. Die Luft als Traumbild ist das Symbol des Geistes, der Idee, des schöpferischen Denkens, aber auch der Seele, der geistigen Lebenskraft. In der biblischen Tradition haucht Gott seinen Odem in den toten Erdenkloß

Adam ein, wodurch er eine lebendige Person wird. Wenn der Träumende von der Luft träumt, kann es sein Selbst bedeuten. Aber es ist auch möglich, dass klare, reine Luft im Traum auftritt und der Träumende sich leicht und beschwingt fühlt. Dies zeigt eine gesunde Lebenslinie an. Ist die Luft indes stickig und erzeugt sie Beklommenheitsgefühle, dann bedeutet dies, dass im Leben des Träumers unbewältigte Probleme und Schwierigkeiten bestehen.

Die Erde ist die urmütterliche Kraft, fruchtbar und gebärend. In der alten Zeit wälzte sich der Bauer auf dem Acker, um die mütterlichen Kräfte der Saat zuzuführen. Die Toten werden begraben, damit der Tote der Mutter Erde zurückgegeben wird. Im Traum symbolisiert die Erde die Verbindung mit dem Mütterlichen oder die Aufforderung, sich dem Mütterlichen zu öffnen. In der Ehe ist es die Lebensaufgabe des Mannes, das Mütterliche zu integrieren, um ein vollständiger Ehemann und Vater zu sein.

Flugträume: Sie symbolisieren, wenn der Träumer hoch fliegt, das Streben nach Überlegenheit, danach, auf die anderen herabschauen zu können. Ehrgeizige Träumer genießen ihre Überlegenheit. Diese Träumer stehen in der Gefahr der Überkompensation, des Machtstrebens. Aber auch dekompensierende Träumer mit Minderwertigkeitsgefühlen träumen solche Träume von ihren unerreichbaren hochgesteckten Zielen. Bei einer mittleren Flughöhe genießt der Träumer das Getragenwerden, die Fröhlichkeit und das Glück. Wenn die Flughöhe gering ist, kann dies Minderwertigkeitsgefühle symbolisieren, die Angst, sich nicht aus den Niederungen des Lebens erheben zu können.

Frau und Mann und Kuss im Traum: Die Frau steht dem lebendigen Leben näher als der Mann. Darum steht sie in vielen Kulturen in Beziehung zum Heiligen. Priesterinnen sorgen für das Ernteglück und hüten das heilige Herdfeuer. Die Urmächte tragen weiblichen Charakter. Weitere mythische Frauenfiguren sind die Baumseele, die Norne (Schicksalsfrau) und die weise Frau, die mit den heilenden Kräften der Natur umgeht. Weiblich ist auch die Anima, die ergänzende Seele des Mannes. Träumt ein Mann von einer Frau, hat dies darum meist keinen sexuellen Charakter, sondern verspicht Heilung und Rettung. Sie kann auch auffordern, die Anima zu integrieren.

Wenn die Frau im Traum eine Tänzerin, eine Geliebte oder eine Hure ist, dann bedeutet dies in der Regel einen Vorgang der Verschiebung: Diese Frau ist der Träumer selber. Wenn der Träumer eine Frau ist, dann wird sie aufgefordert, ihre Weiblichkeit stärker zu entwickeln oder auch, wenn sie verheiratet ist, ihren Mann mehr zu lieben. Wenn der Träumer ein Mann ist, dann wünscht er sich eine sexuell attraktive Frau.

Die Frau ist zugleich die Mutter. Darum wird sie oft mit einem Kind in ihren Armen gezeigt. Sie ist also das Leben Hervorbringende und Bewahrende. Sie ist ein uralter Archetypus für die Hoffnung auf Leben und ein stetiges Voranschreiten der Menschheit in die Zukunft. Im Traum bedeutet die Mutter das Bergende, Umhüllende, das Nährende, Bewahrende.

Die Stiefmutter dagegen ist ein Symbol für das Gegenteil der Mutter, gleichsam im Sinne Jungs ihr Schatten. Sie gibt nichts von dem, was die Mutter vermittelt, sondern lebt im Schein, in der Lüge und im Zerstörenden. Sie bringt nicht Leben hervor, sondern trachtet danach, es zu zerstören.

Der Mann taucht oft unter dem Bild des Vaters auf. Der Vater verkörpert als Archetypus das Urbild des Geistigen, während die Mutter das Lebendige vertritt. Im Traum stellt die Vaterfigur den einseitigen Intellekt des Träumers dar. Der Vater symbolisiert die Tradition, die Bindung an Althergebrachtes, aber er stellt auch das Über-Ich dar, das ja in der Kindheit wurzelt. So kann ein Vatertraum auch die Hilflosigkeit des Kindes oder eine Erneuerung der Gewissensangst anzeigen, im Extremfall sogar die Angst vor einem übermächtigen Vater. Der Vater kann aber auch beschützen. Vor allem Mädchen und Frauen träumen positive Vaterträume.

Der Kuss verbindet Frau und Mann. Er ist ein Symbol der erlösenden Vereinigung. Wie die Seele von der Gottheit in den Körper eingehaucht wird, so tauschen die Liebenden ihre Seelenkräfte aus. Mit dem ersten Kuss wurde früher der Bund zwischen den Liebenden begründet. Diese Einheit von Frau und Mann stellt Harmonie zwischen den geistigen und erdhaften Kräften des Menschen her. Der Mann nimmt in sich das Weibliche an und die Frau das Männliche. Tritt der Kuss im Traum auf, dann lässt sich erkennen, welche Personen miteinander verbunden sind.

Geburtsträume und Wiedergeburtsträume: Hier sieht sich der Träumer z. B. als Prinz im Körper eines großen Fisches. Der Fisch ist ein Lebenssymbol. Verlässt er den Fisch, ist er eine verwandelte Person. Wiedergeburt wird auch symbolisiert durch das Hinabtauchen und das Auftauchen aus dem Wasser. Dies ist zugleich ein Wandlungssymbol.

Gehen, Steigen, Fallen, Überqueren – Wege in Träumen: Träume vom Gehen handeln häufig davon, verfolgt zu werden und wie gelähmt nicht von der Stelle zu kommen. Dies kann auf ebener Erde geschehen. Oder der Träumer muss Treppen in einem Haus oder auf einen Turm hinaufsteigen und vermag es nicht. Diese Träumer haben oft die Lebenslinie: „Ich kann nicht!"

Wege sind oft Grenzwege und zeigen als Grenze bestimmte Lebenssituationen an. Grenzen sollten nicht überschritten werden. Geschieht dies doch, kann dies auch das Überschreiten von Geboten und Verboten, von Normen und ethischen Grenzen sein. Oder der Traum warnt davor, sie zu überschreiten.

Kreuzwege sind Orte, bzw. Situationen, die herausfordern, Entscheidungen zu treffen. Im Traum wird der Träumer aufgefordert, notwendige Entscheidungen nicht aufzuschieben.

In Träumen vom Steigen muss der Träumer endlose Treppen oder Leitern erklimmen, ohne das Ziel zu erreichen, oder ist gar gelähmt. Dies sind häufig quälende Wiederholungsträume. Sie bedeuten, dass der Mensch sich aus den

Niederungen des Lebens erheben will, es aber nicht kann. Es ist ein typischer Traum von der eigenen Minderwertigkeit.

In Träumen vom Fallen fällt der Träumer einen bodenlosen, endlosen Abgrund hinab. Solche Träume treten vor allem bei Kindern auf, die unter Minderwertigkeitsgefühlen und an den Ansprüchen der Wirklichkeit, z. B. der Schule, leiden.

Das Fahren ist ein Symbol dafür, den Lebensweg zu beschreiten. Straßenbahn, Omnibus oder Zug sind, wie ihr Name sagt, öffentliche Verkehrsmittel. Sie fahren nach Fahrplan zuverlässig vorgeschriebene Wege. In ihnen werde ich fremdgesteuert gefahren. Wichtig ist dabei, wer diese Verkehrsmittel fährt. Der Zug ist zudem ein Symbol für die Fahrt durch das Leben. Zugverspätungen können anzeigen, dass der Träumer in der Angst oder sogar in der Realität des Zuspätkommens lebt. Es kann sogar bedeuten, dass das ganze Leben zu spät gekommen und nun verfehlt ist. Straßenbahnen und Züge haben Fahrpläne. Wähle ich den richtigen für mein Leben? Auto, Motorrad und Fahrrad sind moderne Symbole für das Selbst des Menschen. Sie zeigen die Ungebundenheit und Freiheit des Menschen an. Sie fahren nach eigenen Vorstellungen und Zielen, wobei gerade beim Fahrrad noch das Gefühl der Selbsttätigkeit hinzukommt.

Das Überqueren ist ein Symbol für eine Lebensänderung oder auch eine Verbindung zwischen Menschen. Dies zeigt z. B. das Überqueren einer Straße oder – als stärkstes Bild – einer Brücke an. Letztere ist ein starkes Vereinigungssymbol, kann aber auch dazu auffordern, eine Lebensphase, Lebensgewohnheit oder gar eine Lebenslinie zu verlassen und ein neues Land zu betreten. Wenn sie einen Fluss überquert, dann zeigt dies an, dass der Träumer zwei Lebensentwürfe verbinden oder den einen verlassen und den anderen aufsuchen soll.

Geheimnisvolle Orte im Traum: Traumlandschaften sind häufig irreal. Träume führen uns z. B. in die Unterwelt, die Welt der Toten und die Seelenlandschaft. Archetypen hierfür sind der Glasberg, Brunnen, Bergestiefen, Schatzhöhlen, Schlösser, goldene Säle, verbotene Zimmer. Das alles sind Orte, in denen sich die Seele bewährt, verjüngt oder zu höherem Wissen wandelt. Sie sind also Wandlungssymbole.

Geschwister im Traum: Das älteste Kind ist ein Symbol für Leistung, Erfolg, Geistigkeit und Macht, die er für selbstverständlich hält. Es ist sozusagen der Hüter der Ordnung. Auch war es, wenn es ein Junge war, früher der Erbe und der erste Helfer für die Eltern. Es ist der Ansporn für die jüngeren Geschwister, so gut zu sein wie das älteste Kind; zugleich ist es jedoch oft ein Grund für entmutigte jüngere Geschwister.

Das gilt vor allem für das Zweitgeborene. Die Niederlage gegenüber dem Ältesten kann das ganze Leben vergiften. Es sei denn, das Zweitgeborene kann das Älteste überflügeln. Dann wird es extrem erfolgreich und machtorientiert.

Das Drittgeborene ist ein gutes Kind, das den Eltern folgt und ihnen gefallen will. Oft geht es mit dem jüngsten Kind eine herzliche Verbindung ein.

Das Jüngste zeichnet sich im Traum durch Gutherzigkeit und Gutwilligkeit aus. In der alten Zeit war es das, das alle Geschwister überlebte und dadurch das Erbe der Familie sichern konnte. Im Traum ist es ein Sinnbild für ein reifes Leben, den jüngsten Zustand (vergangene Zustände sind also verlassen oder integriert worden).

Wenn also im Traum Geschwister auftauchen, ist es wichtig, welche Position in der Geschwisterreihe eingenommen wird. Träumt ein männlicher Träumer von einem übermächtigen Riesen, der ihn bedrängt, dann ist dies höchstwahrscheinlich der älteste Bruder.

Gespenster im Traum, Hexen oder Teufel, Drachen und Ungeheuer: Diese Inhalte stammen aus der Kindheit, während der Märchen erzählt werden. Dementsprechend treten sie vorwiegend bei Kindern auf. Meist sind es Angstträume, in denen Tageserlebnisse verarbeitet werden.

Drachen sind das Sinnbild für alles Finstere und Feindselige, das überwunden werden muss, um Schätze, Weisheit oder Liebe zu erringen. Der Schatz, der vom Drachen bewacht wird, ist oft ein Symbol des wertvollen Selbst, das befreit werden muss. So ist der Drachenkampf im Traum der Kampf der ordnenden gegen die chaotischen Kräfte im kollektiven Unbewussten.

Die Figur der Hexe existierte in der alten Zeit vermutlich noch nicht; jedoch gab es weise Frauen, Heilerinnen, die die geheimen Kräfte der Natur, die heilenden Pflanzen und Wasser kannten. Sie galten als Heilbringerinnen, die in enger Verbindung mit den mütterlichen Kräften der Natur standen. Im Mittelalter wurden sie von der Kirche, da sie die alte germanische Kultur fortsetzten, denunziert, gefoltert und verbrannt. Als Negativsymbol ist die Hexe also recht jung. Heute können Hexen im Traum als hilfreiche Heilerinnen auftreten oder als böse, vernichtende Kräfte.

Riesen galten den antiken Völkern als Naturmächte, die aus der Welt des Chaos stammten, die zeitlich vor der geordneten neuen Welt existiert hatte. Sie stellen die ungeordneten Naturkräfte dar, die auch im Unbewussten Unordnung schaffen. Sie besitzen ungebändigte Kräfte: Beispielsweise schleudern sie Felsen, entwurzeln Bäume, schmettern ihre Gegner mühelos gegen die Wand usw. Riesen symbolisieren das Ungestaltete, Ungeheure, Wilde, Zerstörende im Unbewussten. Es gilt, sie zu zähmen und zu beherrschen. Wenn im Traum eine bekannte Person als Riese auftritt, gegenüber der der Träumer ein Zwerg ist, zeigt dies ein Kräfteungleichgewicht zwischen den beiden Personen an. Sind dies Eltern und Kinder oder konkurrierende Geschwister, dann sind die Eltern oder ältere Geschwister die Riesen und die Kinder oder jüngeren Geschwister Zwerge.

Haus im Traum: Das Haus ist ein Symbol des Selbst. Das Dach symbolisiert das Geistige, das Bewusste des Menschen. Es kann aber auch ein Gemeinschaftssymbol sein, wenn es von der ganzen Familie oder noch weiteren Mietsparteien bewohnt wird.

Die Zimmer sind das alltägliche Leben.

Die Küche ist traditionell der Herrschaftsbereich der Frau. In ihr vollbringt sie die Verwandlung des Stofflichen in das Leben. Viele Geräte in den alten Küchen, wie Kessel, Töpfe und Schüsseln waren Zeichen für die Wiedergeburt aus der Urmutter.

Der Keller beherbergt die Vorräte und die unbehandelten Stoffe. Aber dort nagen auch die Mäuse und andere Schädlinge. So stellt der Keller das Unbewusste dar.

Die Tür ist der Eingang und Durchgang. Was aber ist hinter der Tür? Diese Unbestimmtheit lässt viele Deutungen offen. Es kann verboten sein, den Raum dahinter zu betreten. Es kann aber auch der Eingang zu Gastlichkeit und Geselligkeit sein. In Traum steht die Tür zudem dafür, neue Wege zu betreten, das Bewusstsein zu erweitern, Gemeinschaft zu pflegen usw.

Identifizierungsträume: In diesen Träumen glaubt der Träumer eine andere Person zu sein, meist eine Idealgestalt. Indem er sich mit dieser identifiziert, steht die andere Person jedoch für ihn selbst. Diese Form der Verschiebung, durch die eine andere Person den Träumer verkörpert, ist für die Traumdeutung grundsätzlich wichtig.

Landschaften im Traum: Der Berg steht oft für den Sitz der Ahnen und der Götter. Dort empfangen die heiligen Männer die Gesetze und Gebote ihres Gottes. Aber oft ist der Berg auch ein Symbol des Selbst, und zwar nicht des Ich, sondern der Ganzheit der Person. Im Traum den Berg zu erklimmen bedeutet, das Selbst zu verwirklichen.

Die Höhle ist ein Sinnbild für das verborgene Leben jenseits der erlebbaren Welt. Sie symbolisiert die Tiefenschichten der Seele, das Unbewusste und das kollektive Unbewusste. Wenn der Träumer eine Höhle betritt, ist das der Eingang ins Unbewusste. Wenn er dagegen in die Höhle eindringt, tief in sie hineingeht, ist es ein Symbol für (innere) Leere und Orientierungslosigkeit. In manchen Zusammenhängen ist sie auch ein Bild für vorgeburtliche Zustände, für die Gebärmutter. Auch sie kann als Wiedergeburts- und Wandlungstraum gedeutet werden.

Nacktheitsträume: Sie sind in der Regel nicht sexuell zu verstehen. Nacktheit tritt beispielsweise im Traum auf, wenn der unbekleidete Träumer z. B. durch die Straßen der Stadt geht. Kleider haben ja primär eine soziale Bedeutung. Darum bedeutet Nacktheit, sich gesellschaftlich zu blamieren, sich eine Blöße zu geben. Aber oft bedeutet Nacktheit auch, sich minderwertig zu fühlen und Angst vor der Gesellschaft zu haben, also soziale Angst. Wenn keine Zuschauer vorhanden sind, bedeutet Nacktheit, sich so zeigen zu wollen, wie man ist: ehrlich und unverstellt.

Opfern im Traum: Opfer tauchen in allen Mythen und Märchen auf. Jemand muss etwas opfern: einen goldenen Ball, einen Finger, einen Apfel usw. Vor allem sind es Erstlinge, die geopfert werden, z. B. das erste, was einem entgegenkommt. Oft ist dies ein Kind. Kinderopfer waren in den alten Kulturen üblich. Später wandelte sich dies zur Kinderweihe: Das Kind wurde einem Gott zum Dienst geweiht. Der Sinn des Opferns war, dass der Opfernde der Gottheit etwas Wertvolles darbringen wollte. Damit wollte er sühnen oder sogar eine Gegenleistung des Gottes erhalten. Wenn im Traum vom Opfern geträumt wird, darf dies im Wachbewusstsein nicht ernst genommen werden. Es handelt sich um unbewusste Vorgänge. Vor allem religiöse Menschen können solche Opferträume haben. Für sie ist es wichtig zu wissen, dass diese irreal sind.

Pflanzenwelt im Traum: Der Wald war in der alten Zeit wegelos oder doch wegearm. Man verirrte sich im Wald. Einerseits ist er ein Symbol für das Ungeformte des Unbewussten mit den beiden Möglichkeiten der Ordnungslosigkeit und des Schöpferischen. Vor allem aber muss der Wald archaisch gedeutet werden. Der Wald als Gegenwart des Göttlichen und Menschenfreundlichen ist eine Erfindung der deutschen Romantik. Noch um 800 n. Chr. wurde bei Krankheit eine Zauberformel auf eine Rinde geritzt und diese dann mit einem Pfeil in den Wald geschossen, damit das Böse zum Bösen gelangt. Der Wald ist im Traum meist das Wegelose, Unheimliche, Feindliche, Bedrohliche und Tötende. Er ist die Wohnstatt der Unholde: der Riesen und der Zwerge.

Der Baum ist ein Symbol des Selbst. Wenn er grün belaubt ist und womöglich noch Früchte trägt, ist dies ein gutes Zeichen: Der Mensch ist gesund, reif, tätig, schöpferisch usw. Wenn er hingegen kahl ist, bedeutet dies ein karges Leben, mit der Aufforderung zu reifen. Der Baum ist ein Ursymbol für die Quelle allen Lebens. Aus seinem Holz wurden die ersten Gefäße und Werkzeuge gefertigt; er ermöglicht das Feuer. So ist der Baum ein Symbol für das Wohnen in einem

Heim. Seine tiefgründigen Wurzeln und seine himmelwärts strebenden Äste, dazu sein langes Leben, waren für viele Völker ein Zeichen des Kosmos. Alle Bäume vereinigen sich zum Prinzip der Fülle und der Kraft, ja zur ewigen Erneuerung des Lebens der Welt. Auch vereinigt der Baum durch sein Wurzeln in der Erde und seine hochstrebenden Äste das Prinzip der Mütterlichkeit mit dem der Männlichkeit, dem Geistigen und Lichten. Als Symbol der Mütterlichkeit taucht er bei vielen Völkern als Fruchtbarkeitsgöttin auf. Aufgrund dieser Vielzahl von Bedeutungen müssen wir bei der Traumdeutung darauf achten, welche der Traumzusammenhang erlaubt.

Baumarten mit besonderem Symbolcharakter sind folgende: Die Eiche hatte bei den nordischen Völkern eine enge Verbindung zu den Göttern, und sie war ein Ort der Ratsversammlung. Sie verkörpert Kraft, Geistigkeit und Lebensursprung.

Die Eberesche wurzelt tief in der Erde, der Urmutter, und trägt zugleich lichtweiße Blütendolden und rote Früchte (Lebenssymbole). Sie trotzt den Wettern und wird sehr alt. Es wachsen ihr sogar Bärte (aus Flechten), so alt wird sie. Ihre Früchte galten als Heilmittel gegen Gifte. So ist die Esche ein Symbol für Leben und Heilung.

Der Holunder ist ein Lebens- und Familienbaum, in dem die Schutzgeister des Hauses leben. Er durfte nicht verbrannt werden. So symbolisiert er Schutz und Geborgenheit vor den bösen Anfeindungen der Welt.

Der Wacholder war in der frühen Zeit ein Heilmittel zur Belebung und gegen alles Üble. Weil der Wacholder immer grün ist, gilt er auch als Träger der Lebenskraft.

Die Linde ist ein Friedens- und ein Heilsbaum. Sie wurde noch im Mittelalter bei der Geburt eines Mädchens gepflanzt. Sie sollte es ein Lebens lang begleiten und beschützen. Im Traum ist sie eindeutig ein positives Symbol.

Auch bestimmte Blumenarten haben eine spezifische Bedeutung. Die Lilie ist als eine Sumpfpflanze ein Symbol für das ewig sich verjüngende Leben. Sie ist vom Licht gezeugt und direkt aus der Urmutter entsprossen (der Sumpf ist ein Symbol des Mutterwassers). Mit dem ersten Sonnenstrahl erblüht sie und mit dem letzten sinkt sie in ihren Ursprung zurück. Sie ist im Traum ein positives Symbol.

Prüfungsträume: Sie symbolisieren das Ausgeliefertsein an höhere Mächte, die den Träumenden verurteilen. Verallgemeinert kann man auch sagen, dass das Leben immer wieder Prüfungen für uns bereithält, die wir bestehen müssen. Dies kann Angst erzeugen.

Rechts und links im Traum: Rechts ist recht, das Richtige. Links ist linkisch, das Unbeholfene. Diese Symbolik sollte man beachten, aber nicht überbewerten.

Schätze und Geld im Traum: Wenn der Träumer einen Schatz findet, ist dies in der Regel ein Symbol seines wertvollen Selbst, das er bewahren und entfalten soll. Im Einzelnen treten als Schätze auf: Gold, Silber und Diamanten, Perlen u.a.

Gold ist das Blut der Götter und darum heilig und von unschätzbarem Wert. Im Traum symbolisiert es die seelische Reife. Es ist Träger des Reinen, Heilsamen und Heiligen. Darum werden alle heiligen Dinge, Kleider, Symbole usw. aus Gold geschaffen oder in Gold eingefasst. Weil es nicht rostet oder sich sonst zersetzt oder zersetzt wird, ist es ein Symbol für Unverletzbarkeit, für das Ewige und Göttliche. Im Traum ist es vor allem ein Symbol des innersten und höchsten Wertes des Selbst und zugleich des höchsten Bewusstseins. Wo Gold geopfert wird, werden die höchsten Werte geopfert (dies kann nur durch Menschenopfer übertroffen werden). Darum drückt Gold im Traum höchst selten Reichtum aus. Wohl aber Reichtum im geistigen Sinn eines reichen Seelenlebens oder die Aufforderung zu einem solchen.

Silber symbolisiert das Mondlicht, und damit das Mütterliche, Erdhafte. Es zeigt aber auch an, dass der Träumer das bloß Triebhafte verlässt und die geistige Seite des Weiblichen integriert.

Der Diamant ist das härteste Gestein und zugleich das hellste. So wurde er zum Zeichen des Ewigen, des Vollkommenen, des ewigen Lichtes und im Traum auch des Strebens des Menschen nach Vollkommenheit.

Die Perle entwickelt im Dunkel der Schale ihre Schönheit. Im kollektiven Unbewussten ist sie ein Schatz und deutet mit ihrer Kugelgestalt und ihrer Schönheit den großen

Wert des Selbst an. Perlenträume fordern dazu auf, das Selbst allseitig zu entwickeln.

Geld wurde schon früh als Zahlungsmittel verwendet. Es beherrschte die Wirtschaft, aber wurde auch den Göttern geopfert. Tiefenseelisch bedeutet der Besitz von Geld einen Reichtum an seelischer Energie. Der Geizige gibt von seinem Geld, seiner Seelenenergie, niemandem etwa ab. Psychosomatisch hat dies Verstopfung zur Folge. Generell besteht ein enger Zusammenhang von Geld (Gold) und Kot. So sehen kleine Kinder bis zum Alter von etwa zwei Jahren ihren Kot als einen Teil ihres Selbst an und haben Angst, ihn herzugeben. Träume vom Geld sind in der Regel positiv zu werten.

Schwimmen im Traum: Schwimmen ist zunächst ein positives Symbol. Im Fluss zu schwimmen bedeutet Lebensmut und ein Gefühl von Sicherheit in schwierigen Lebenslagen. Der Fluss ist ja ein Lebenssymbol, und auf ihm schwimmen zu können, deutet auf Lebenssicherheit hin. Aber es gibt auch Träume, in denen der Träumer ertrinkt. Dies ist ein Todessymbol, doch es bedeutet nicht, dass der Träumer stirbt, sondern, dass er sein altes Leben sterben lassen muss, um ein neues zu beginnen. Es ist also ein Wandlungssymbol. Der Fluss galt seit alters als lebenspendend und wurde verehrt (Nil, Ganges). Obwohl von männlichem Charakter, spendet er wie die Urmutter Leben. Wenn der Träumer im Fluss schwimmt, bedeutet dies zunächst wieder den Lebensweg. Oft treten Hindernisse auf und der Träumer hat Angst zu ertrinken. Dies sind Lebensängste. Vielleicht aber gibt es auch Hilfen: Inseln, schwimmende Baumstämme, einen Kahn u.a.

Wenn der Träumer im Meer schwimmt, bedeutet dies, dass er sich dem Meer, der Gottheit, anvertraut. Ertrinkt er hingegen im Meer, dann hat er ein negatives Gottesbild: Gott richte, bestraft ihn mit der Vernichtung seines Lebensglückes. Es kann aber auch die Aufforderung sein, das Leben grundlegend zu ändern, denn das Meer ist zugleich ein sehr starkes Wandlungssymbol.

Sonne, Mond und Sterne: Die Sonne, wenn sie aufgeht, vertreibt alle bösen Geister und Dämonen. Seelisch symbolisiert dies das erwachende Bewusstsein, die Erleuchtung der tiefenseelischen Bereiche, die bisher im Dunkeln lagen. Die untergehende Sonne bezeichnet den Zustand vor einer Bewusstseinswandlung. Wenn eine Frau von der Sonne träumt, ist es ein Zeichen ihrer Reife, vor allem in der zweiten Lebenshälfte.

Der Mond bringt Licht in der Nacht. Während die Sonne das männliche Prinzip repräsentiert, steht der Mond für das Weibliche. Das Mondlicht gleicht dem Weiblichen im Unbewussten. Wenn die Frau vom Mond träumt, erkennt sie ihr Wesen in ihm. Wenn der Mann vom Mond träumt, vor allem in der zweiten Lebenshälfte, dann ist dies ein Zeichen, dass er den weiblichen Teil in seinem kollektiven Unbewussten integrieren muss, um ein ganzer Mensch zu werden.

Die Sterne waren in der alten Zeit Orientierungshilfen. Sie wiesen den Menschen ihren Weg. Dies kann bei der Traumdeutung berücksichtigt werden. Sterndeutung ist weit verbreitet. Sterne sollen nicht nur den Weg weisen, sondern sogar Charakter und Lebensweg beschreiben. Vor allem symbolisieren Sterne im Traum Glaube, Hoffnung und Licht. Sie weisen dem Träumer den Weg ins Unbewusste und fordern ihn dazu auf, sich auf die nächsten Lebensziele zu besinnen und auch nach höheren Zielen und Idealen zu streben. Allerdings würde ich im Sinne von Adlers Traumdeutung davor warnen, diese Ziele zu hoch zu stecken.

Teilen und Tätigkeiten (Lachen, Lärmen) des menschlichen Körpers im Traum: Blut ist der Sitz des Erbes der Vorfahren. In dieser Eigenschaft ist es zugleich ein festes Band zwischen Menschen (Blutsbrüderschaft). Im Traum bedeutet es je nach Zusammenhang eine enge Bindung zwischen Menschen oder auch ein unlösliches Liebesband. Blut ist zugleich ein Symbol für das eigene Leben.

Haare symbolisieren bei der Frau Schönheit und sexuelle bzw. zeugende Kraft. Bei Männern drücken lange Haare Kraft, auch sexuelle Kraft aus (vgl. Simson in der Bibel). Das Haaropfer bedeutet bei der Frau die Aufgabe der Weiblichkeit (Nonnen), beim Mann kann es ein Kastrationssymbol sein.

Finger bedeuten die schaffende, gestaltende und ernährende Kraft des Menschen. Einen Finger zu opfern bedeutet auch, einen Teil der eignen Individualität zu opfern.

Der Fuß ist das Organ, das uns mit der Erde verbindet. Er ist das Symbol, das den Träumer auffordert, weiter zu schreiten.

Die Zähne bedeuten Vitalität, es sei denn, sie fallen aus. Dann bedeuten sie Gefährdung der Lebenskraft.

Lachen ist ein Zeichen der Lebensbejahung. Wer nicht lachen kann, dem fehlt das lebendige Leben und Erleben. So ist Lachen Leben und der Sieg über die unergründlichen Mächte des Unbewussten. Lachen im Traum ist also ein positives Zeichen. Anders steht es um das höhnische, das verächtliche, das hämische. Lachen. Sie drücken im Traum das Negative und Feindliche aus.

Lärm zu machen gilt bei fast allen Völkern als ein Mittel, das Böse und das Unheil abzuwehren. Lärm kann auch, wie das Lachen, innere, tiefenseelische Spannungen und Belastungen lösen. Im Traum ist er also ein positives, ein befreiendes Symbol.

Tiere im Traum: Der Löwe ist ein Ursymbol im kollektiven Unbewussten und macht sich geltend, wenn das Bewusste Hilfe braucht. Denn er ist ein Sinnbild des schöpferischen Vermögens der Seele. Er ist ein Schutzgeist. Auch kann er eine Vereinigung von Gegensätzen symbolisieren. Im Traum ist er immer ein positives Symbol.

Träume von Hunden sind zuweilen mit Angst verbunden, wenn diese bellen und beißen. Aber meist ist der Hund im Traum der treue, hingebungsfreudige Freund des Menschen.

Das Pferd symbolisiert die Lebenskraft, die der Mensch zum Reiten oder als Zugtier nutzen kann. Bei manchen Völkern wird auch die Milch der Stuten genossen. Während der Hengst ein Sexualsymbol sein kann, ist die Stute ein mütterliches Symbol.

Die Kuh ist ein Symbol der nährenden, umsorgenden Mütterlichkeit. Bei vielen Völkern wird sie sogar vergöttert. Auch symbolisiert sie Glück und Gedeihen.

Die Ziege ist weitgehend ein Negativsymbol: ein Teufelstier. Im Märchen ist sie oft böse.

Das Schaf gilt als ein geduldiges Tier. Früher wurde es oftmals den Göttern geopfert.

Der Fisch ist als großer einzelner Fisch ein Symbol des Selbst, und zwar eines bergenden, umhüllenden Selbst. Ein Fischschwarm, der unter der klaren Oberfläche eines Sees dahin schwimmt, symbolisiert Hoffnung und seelischen Aufschwung, die Vereinigung von Geistigkeit und Seelenkräften. Weil Fische sich sehr stark vermehren, sind sie auch ein Fruchtbarkeitssymbol. So bedeutet Fisch zu essen den Wunsch nach Kindersegen. Auch erschien den Menschen früher der Fisch, als könne er sich selbst erzeugen. So wird er symbolisch zum Heilbringer.

Die Schlange ist ein ambivalentes Symbol. Schon in der Bibel ist sie der verführende Teufel, andererseits errichtet Mose eine Schlangenskulptur, die heilt, wenn man sie anschaut. Seit der Antike ist sie ein Zeichen der Heilkunst. Die geringelte Schlange ist ein Symbol der Ganzheit. Die Kreisform der geringelten Schlange ist ein Ewigkeitssymbol. Weil sie sich häutet, gilt sie auch als ein Wiedergeburts- und Wandlungssymbol. Sie ist ein Ursymbol und damit ein Bestandteil des kollektiven Unbewussten. Hier symbolisiert sie die Anima, die weibliche Urmacht in den Tiefen der Seele.

Wenn der Träumer von einer Schlange träumt, muss er die Bedeutung aus dem Zusammenhang ersehen.

Der Vogel ist als großer Vogel ein Seelensymbol, während ein Vogelschwarm Destruktion anzeigt.

Der Adler ist ein Sinnbild des Edlen und Lichten. Auch ist er der höchste Wert und der innerste Kern der menschlichen Seele. Oft erscheint er als göttlicher Vogel oder auch als Bote der Götter. Er ist der König der Vögel. Als der Vogel, der am höchsten fliegt, nähert er sich den Göttern und hat Anteil an ihrer Weisheit. Im Traum ist er ein Transzendierungssymbol, ein Streben nach Erkenntnis und für den Aufschwung der Seele zu Gott.

Der Storch lebt vor allem von dem, was er in sumpfigem Gelände findet. Darum hat er eine enge Beziehung zum Weiblichen und kann als Bringer und Beschützer des Lebens gedeutet werden.

Der Bär ist das älteste Symbol für die Mütterlichkeit. Wegen der besonders liebevollen und mütterlichen Pflege der Jungen steht er für ihre sittliche Seite. Weil der Bär Kraft und Mütterlichkeit zugleich bedeutet, gaben viele Völker, besonders die Nordgermanen, ihren Kindern gern Bärennamen. Wenn der Bär im Traum auftaucht, symbolisiert er etwas Kraftvolles, zumeist dem Menschen freundlich Zugewandtes. Im Märchen ist er auch ein Wandlungssymbol.

Die Ente ist ein Symbol für das Seelenleben des Selbst.

Der Schwan ist in allen Kulturen, in denen er auftritt, ein Symbol des göttlichen Selbst. Er ist ein Lichtbinger; denn er verlässt mit dem erlöschenden Licht das Land und kehrt mit dem Aufstieg des Lichtes zurück, und zwar in wunderschönen Formationen. Wenn der Schwan im Traum auftritt, muss er im Zusammenhang positiv gedeutet werden.

Die Taube ist ein Sinnbild des Friedens und der Liebe. Sie symbolisiert auch die Seele des Menschen. Je nach Zusammenhang kann die Taube Rettung bedeuten oder das Leben bewahren. Im Traum ist die Taube immer ein positives Symbol und muss darum auch positiv gedeutet werde.

Der Frosch lebt im Wasser und steht damit in enger Verbindung zum Urleben, das immer wieder aufsprießt und unerschöpflich ist. Er ist zugleich ein ausgeprägtes Wandlungssymbol: Die Entwicklung Ei, Larve, Kaulquappe, Frosch war für die früheren Menschen ein Wunder. So symbolisiert er jede Form der Metamorphose. Vor allem aber fordert das Froschbild den Träumer auf, sich zu wandeln und zu reifen.

Der Fuchs erscheint im Traum – wie der Bär -als ein hilfreiches Wesen. Er ist – wie der Rabe – ein Heilbringer. Auch zeigt er Klugheit, und er vermittelt geheimes Wissen um Leben und Zukunft. Allerdings ist das Bild vom Fuchs doppeldeutig: Im Märchen ist er oft die schlaue, aber auch verschlagene und listige Figur. Bei der Traumdeutung sind beide Bedeutungen zu bedenken.

Der Hase symbolisiert Fruchtbarkeit und im Traum den Wunsch nach einem Kind oder nach einem reicheren Seelenleben. Der Hasenkult im Frühling, dem beginnenden, aufbrechenden Leben, hat sich bis heute erhalten im Osterhasen, der die Ostereier bringt.

Die Katze wird wegen ihres unhörbaren Gangs zu den wahrsagenden Tieren gezählt. Man sagt ihr also nach, sie sei klug und wisse um das Zukünftige. Sie gilt auch als Glückbringerin.

Ebenso gilt der Rabe als weise und zukunftskundig. Er kennt die notwendigen Wege in der Gegenwart und erinnert auch das Vergangene. Im Übrigen hilft er den Menschen durch seinen Rat und seine Hilfe. Im Traum ist er meist ein positives Symbol. Allerdings ist der Rabe zuweilen auch ein Unglücks- und ein Todesbote.

Todesträume: Wenn jemand träumt, dass eine ihm bekannte Person stirbt bzw. tot ist, kann das ganz einfach bedeuten, dass die Beziehung zu ihr erloschen ist. Aber es kann auch bedeuten, dass die Beziehung zu dieser Person leer, tot, ist. Durch die Verschiebung von dieser Person auf mich kann gemeint sein, dass etwas in mir selbst gestorben ist. Nach Jung kann es auch die dunkle Seite in mir selbst sein, mein Schatten. Das eigene Sterben im Traum tritt vor allem in Lebensübergängen auf. Beim Übergang von der Jugend zum Erwachsenen bedeutet der Traum meist die Aufforderung zur Wandlung: Die Jugend muss sterben und der Erwachsene muss geboren werden.

Das Grab ist verbunden mit dem Sterben. Es symbolisiert die Rückkehr des Menschen zur Großen Mutter. Grabpflege, Grab im heiligen Boden, Grabblumen, Lebensbäume am Grab sollen das liebevolle Andenken an den Verstorbenen bewahren. Wer an die Unsterblichkeit der Seele glaubt, der tut dies auch, um mit der Seele des Verstorbenen zu sprechen.

Verlieren und Finden im Traum: Im Alter von etwa zwei bis drei Jahren spielen Verlieren und Finden eine große Rolle. Dieses Symbol bleibt im Lebensverlauf bestehen. Verlieren und Finden bilden geradezu eine Struktur unseres Lebens. Finden im Traum kann bedeuten, dass der Träumer nach besseren Lebensumständen sucht, etwa nach einer besseren Arbeitsstelle, einem Weg, Geld zu sparen, neuen Lebenszielen usw. Diese Träume zeigen einen aktiven Menschen. Verluste im Traum hingegen (von Zähnen, von Geld o. ä.) symbolisieren häufig reale Verluste: Verlust eines Partners, Tod eines Kindes, eine abgebrochene Freundschaft, aber auch Verlust der Arbeitsstelle oder auch nur eines wertvollen Gegenstandes. Diese Träume zeigen einen passiven, ängstlichen Menschen.

Zahlenträume: Die Null ist geheimnisvoll. Denn sie wurde erst spät entdeckt, und zwar in Indien zwischen 400 bis 600 n. Chr. 876 kam sie zu den Arabern und, durch sie vermittelt, 1299 nach Florenz. Sie ist also eine sehr ungewöhnliche Erfindung. Geheimnisvoll ist auch, wie die Null, das Nichts, eine 1 zu einer 10 oder zwei „Nichtse“ zu einer Hundert usf. machen kann. So wird sie zum Symbol für das Unvorstellbare und für das Nicht-Sein vor dem Sein.

Die Eins ist das Symbol für die Einheit, das Eine, für Platon, für die Gottheit.

Zwei ist die Zahl der Dualitäten: Mann und Frau, Licht und Dunkel, Gut und Böse usw.

Die Drei ist die Überwindung der Dualität, die Einheit, oft symbolisiert durch das Kind.

Die vier ist die Zahl der Welteinheit, des Weltganzen: Vier Säulen tragen das Himmelszelt; es gibt vier Himmelsrichtungen und vier Jahreszeiten (zumindest in den gemäßigten Zonen).

Die Fünf ist die Zahl der Zeugung, weil sie aus Zwei und Drei besteht, dem Dual Mann–Frau und der Überhöhung beider im Kind. Gleichermaßen verbindet sie die weibliche Zwei mit der männlichen Drei. So enthält sie das Schöpferische. Als Pentagramm dient sie als Zaubermittel.

Die Sechs ist das, was an die Sieben nicht heranreicht, sie ist das Böse.

Die Sieben ist die Zahl Gottes, die Zahl des Guten: In sieben Tagen schuf Gott die Welt und vollendete sie. Die Woche hat sieben Tage.

Die Acht setzt sich aus zweimal Vier zusammen. Sie besteht also zweimal aus der Ganzheit. Und so muss sie im Traum positiv gedeutet werden. Die Acht fordert aber auch zur Achtung auf. Sie mahnt, das Leben zu klären.

Die Neun eröffnet den Übergang zu Neuem. Im Traum soll der Träumer Neues in sein Leben einfügen oder sogar zu Neuem schreiten.

Die Zehn ist die Zahl der Welt, des Vollständigen: Zehn Finger und Zehen, zehn Gebote usw. Das Zehnersystem ist die Grundstruktur der Mathematik. So zeigt die Zehn vor allem die Ordnung des Kosmos an und fordert dazu auf, das Leben zu ordnen.

Die Zwölf spielt in den Mythen eine große Rolle: Zwölf Stämme Israel. Der Tag und die Nacht haben je 12 Stunden;

jedenfalls hat die Uhr zwölf Ziffern. Das Jahr hat zwölf Monate. So ist auch die Zwölf ein Ordnungssymbol im Traum

Die Dreizehn ist die Zahl des Mondjahres und damit uralt. Sie ist die Zahl der Vollkommenheit aus der Zählung der Mondjahre. Wo sie im Traum erscheint, deutet sie Glück an und fordert auf, die Vollkommenheit anzustreben, d. h. die Ganzheit des Selbst, aber auch die Verantwortung für den Mitmenschen und die Natur.

Vierzig ist die Zahl der Bewährung: Dreimal vierzig Tage schwimmt die Arche auf dem Wasser. Vierzig Jahre zieht das Volk Israel durch die Wüste, vierzig Tage fastet Jesus in der Wüste, bevor er seinen Dienst antritt.

Wenn in der Höhle ein Schatz liegt, dann ist dies ein Zeichen für das Selbst, für das Leben und die Kraft, das Leben zu bestehen.

8 Die Praxis der Trauminterpretation

Hartmut Raguse erzählt folgenden Traum (Raguse 2000, S. 80): Ich stehe in einem steinigen Flussbett mit tosendem Wasser, aber um mich herum steht eine recht sichere Wand aus Holzbohlen, die mich schützt. Mit einer Hacke schlage ich auf die Steine und suche Wasser. Ich entdecke eine Leiter, die auf die obere Kante der Wand hinaufführt. Ich steige die Leiter hinauf. Dort entdecke ich, wie gewaltig das Wasser tost und steige wieder hinab.

Ich möchte diesen Traum deuten. Der Fluss ist das dahinfließende Leben; das steinige Flussbett zeigt, dass dieses Leben versteinert ist. Dagegen baut er sich eine Schutzwand, seine Persona, die scheinbar schützt, aber ihn in Wirklichkeit von dem Leben isoliert. Mit einer Hacke schlägt er auf die Steine, um Wasser zu finden. Er will das harte Leben aufbrechen, um an die Möglichkeit der Wandlung zu kommen. Aber es misslingt. Er versucht, diese Mauer zu überwinden; er steigt auf einer Leiter nach oben, eine Leiter, die sein Leben wieder aufsteigen lassen würde. Aber es gelingt ihm nicht. Er steigt wieder hinab in sein isoliertes Leben. Er bleibt eingekesselt und isoliert in seinem Persona-Gefängnis. – Die Aufforderung dieses Traumes besteht darin, dass der Träumer die Lebensisolation verlässt, sich dem tosenden Wasser überlässt. Wasser ist ein

Wandlungssymbol. Tosendes Wasser bedeutet, dass Wandlung, Veränderung der Lebenslinie schwer ist. Aber der Träumer muss das feste Land erreichen und im Leben leben. Nach Adler ist der Träumer vom Leben isoliert und verweigert durch seine Dekompensation, seinen Minderwertigkeitskomplex, das Leben. Er soll die Leiter hinaufsteigen und den Fluss durchschwimmen zum Ufer; er soll kompensieren, um das Leben bestehen zu können.

Ein Jahr später träumt der Mann: Er sieht in einen tiefen Schacht hinab. Unten ist bläulich leuchtendes Wasser. Er beugt sich über den Rand und empfindet entsetzliche Angst, hinabzustürzen, verschlungen zu werden und eingeschlossen zu sein. – Um diesen Traum zu deuten, wäre eine Befragung des Träumers notwendig. Aber die Symbole sind recht verständlich. Der Schacht führt hinab in die Welt der „Großen Mutter". Dies wird noch gestützt durch das Wasser als Wandlungssymbol und die blaue Farbe, die das sich im Himmlischen spiegelnde Mütterliche symbolisiert. Er muss seine kalte Isolation verlassen und sich dem Mütterlichen, dem Warmen, Schützenden, dem lebendigen Leben hingeben.

Wieder ein Jahr später träumt der Träumer: Er fährt in einem kleinen Boot auf einem recht wilden Fluss, aber die Fahrt geht gut. Aber dann geht er doch lieber an Land, weil ihn die Berufs- und Alltagspflichten rufen. Er ärgert sich, ist aber zugleich erleichtert, dem wilden Fluss entkommen zu sein. – Das Boot ist ein Symbol des Selbst, der Fluss der Lebensweg, der wilde Fluss (wie im ersten Traum) ist das ungewisse und gefährliche Leben. Das Land ist in diesem

Traum nicht das lebendige Leben, sondern der Alltagstrott. Die Persona engt ihn noch immer ein, aber er lebt zumindest tätig und alltagsgemäß. – Die Aufforderung ist, dass er sich immer wieder dem fließenden Leben überlässt, den Alltag durchbricht und sein Leben entfaltet. Er soll immer wieder einmal mit seinem Lebensboot den Lebensstrom weiterfließen, um zu reifen. Was hoffnungsvoll stimmt ist, dass der Träumer sein Lebensboot auf dem Fluss des Lebens, mag er auch noch so steinig und reißend sein, selbst steuert. Er ist unterdessen der Herr seines Lebens geworden.

Hans-Thomas Sprengeler (2000, S. 128) erzählt folgenden Traum einer 43-jährigen Erzieherin, die depressiv, arbeitsunfähig war, sich zurückzog. Auslöser war die Trennung von ihrem Partner. Nun der Traum: Eine Dampflokomotive fährt durch einen Wald. Der Lokführer muss an einer bestimmten Stelle abspringen. Die Träumerin fährt allein weiter. Dahinter liegt die Grenze. Es herrscht der Kriegszustand. Es ist ein Kamikazezug. Es ist noch Zeit abzuspringen. – Sprengeler meint, dass sich durch den Traum das Motiv der Gewaltsamkeit zieht, das sich aus der Lebensgeschichte der Träumerin ergibt: Harter, strafender Vater, schwache Mutter, so dass sie an keinem von beiden Halt finden konnte. Auch hatte sie ein intimes Verhältnis zu einem Mann, der aber vor ihren Bindungswünschen floh und sie allein zurückließ. – Andererseits zeigt der Traum Archetypen. Der Zug ist der Lebenszug. Er fährt durch den Wald. Dieser symbolisiert das Unwegsame, Unheimliche, Gefährliche, das Chaos und Ungeformte, die antimenschliche Welt im Gegensatz zur kultivierten Ackerbaulandschaft.

Der Lebensweg der Träumerin ist demzufolge ungeordnet, chaotisch, verworren. Der Lokführer symbolisiert Menschen, die ihr Leben hätten führen können, aber sie verließen (die Eltern, der Sexpartner). Sie muss allein weiterfahren durch ihr Leben. Dies ist die Wurzel ihrer Verlassenheitsängste. Hinter dem Wald verläuft eine Grenze. Grenzen sind bestimmte Lebenszustände, in denen der Mensch Neuland betritt oder Grenzen des Erlaubten überschreitet oder auch sich nicht dorthin traut und die Grenze nicht überschreitet. In unserem Falle würde ich die dritte Möglichkeit vorschlagen. Jenseits der Grenzen herrscht Kriegszustand. Wenn sie die Grenze überschreiten würde, sich ins Leben wagte, würde sie dort nur Krieg finden, einen Kampf aller gegen alle. Darum will sie abspringen. Sie ist suizidgefährdet. Der Traum fordert sie dazu auf, die Grenze zu überschreiten und sich dem Leben zu stellen, das nicht, wie sie glaubt, ein Schlachtfeld ist. Sondern eine normale Welt, in der es Schönes gibt, aber auch Probleme, Schwierigkeiten und Hilfen, Gemeinschaft und Alleinsein.

Gaetano Benedetti erzählt folgende Träume (Benedetti 2000, S. 146–151): Eine Frau, Ärztin, träumt, dass ihr Vorgesetzter plötzlich stirbt. Darüber ist sie sehr traurig. – Dies ist sicher kein Wunscherfüllungstraum. Vielmehr scheint mir ihr Vorgesetzter in der Klinik das Urbild des alten Weisen zu sein, den sie verehrt und von dem verlassen zu werden sie fürchtet. Verlassenheit bestimmte ihr ganzes Leben. Ihr Vater war für sie Vorbild und Urbild gewesen, das sie verehrte, bis er sich in die Haushälterin verliebte, die Familie verließ, sich auch um die Tochter nicht mehr kümmerte. Er war nun für sie wie tot. Dieses Trauma, verlassen zu werden, scheint immer wieder in ihrem Leben aufzutreten. Der Traum fordert sie auf, sich Freunde zu suchen und Gemeinschaft zu pflegen und vielleicht einen treuen Partner zu finden, der sie nie verlässt.

Ein Mann träumt, dass sich zwei japanische Krieger bekämpfen und sich gegenseitig umbringen. Der Träumer sieht das und nimmt die Tatwaffe an sich und versteckt sie. Die Polizei verhaftet ihn als den eigentlich Schuldigen. – Wenn wir Freuds Methode der Verschiebung anwenden, ist der eine Krieger der Träumer selbst und der zweite Krieger die Konfliktperson. Der Patient erkennt in ihm den Vater, den er zwar liebte, aber auch ablehnte. Die Waffe symbolisiert Aggressivität, einen unbewussten Tötungswunsch. Die Polizei symbolisiert das Über-Ich, das diesen Tötungswunsch gegenüber dem Vater bestraft. Der Traum fordert den Träumer auf, sich innerlich mit dem Vater zu versöhnen, damit ihn sein eigenes Gewissen nicht bestraft.

Eine Frau träumt: Ich bin eine Schwarze. Es ist Nacht, und vor mir liegt ein Berg. Oben steht eine hell erleuchtete Villa. Ein Fest scheint dort stattzufinden. Eine andere Schwarze in einem weißen Kleid läuft den Berg hinunter auf mich zu. Ich bin völlig aufgelöst, weil ich viele meiner Schwestern und Brüder im Meer treiben sehe. Alle sind sie tot. Es ist ein Meer voller Leichen. Sie sehen erbärmlich aus, nackt und ausgemergelt, wie Insassen aus einem KZ. Ich renne der Frau entgegen, um sie zu bewegen, mit mir ans Meer zu kommen. Ich muss diese Leichen aus dem Wasser ziehen. Vielleicht leben ja noch einige! Aber die Frau schreit auf und will davonlaufen, wieder auf den Berg hinauf zu diesem Fest. Ich schreie ebenfalls und sage ihr, dass sie doch, nachdem sie dies alles weiß, nicht hinaufgehen kann, um diese Leute zu bedienen! Aber sie läuft schon davon und hört mich nicht mehr. Ich stehe allein in der Nacht, und es graut mir furchtbar. Aber ich weiß, es gibt keinen anderen Weg als hinunter zu diesem Meer voller Leichen. Ich habe es einmal gesehen, also gibt es keine Wahl.

Dieser Traum ist nicht leicht zu deuten. Aber wenn wir die in ihm vorhandenen Archetypen miteinander in Verbindung bringen, ergibt er einen Sinn. Dass die Träumerin, die im Realleben eine deutsche Weiße ist, eine Schwarze ist, deutet darauf hin, dass dies ihr Schatten ist, und zwar in der Nacht, im Unbewussten. Vor ihr liegt ein Berg, auf dem eine hell erleuchtete Villa liegt. Der Berg ist der Anstieg zur Selbstwerdung, und die helle Villa ist das Bewusste. Die andere Frau, der sie im Traum begegnet, ist ebenfalls schwarz, trägt jedoch ein weißes Kleid. Durch Verschiebung ist auch diese Frau die Träumerin. Das Kleid ist die Persona. Die Frau hat ihren Schatten, d. h. ihr verdrängtes negatives Selbst, weiß verkleidet, also an die Realität angepasst. Sie geht wieder ins Bewusste hoch. Der Schatten jedoch geht ins Meer hinunter, wo viele Schwestern und Brüder nackt und ausgemergelt schwimmen – und alle sind tot. Weil sie eng verbunden sind mit der schwarzen Frau, dem Schatten, sind sie verdrängte Teile des Schattens. Sie sind teils tot, verdrängt, vielleicht leben auch noch einige, die dann in den Schatten integriert werden können. Auch diese Frau muss hinauf auf den Berg gehen zum hellen Haus und dem Fest.

Das bedeutet, dass der Schatten und seine positiven Teile ins Ich integriert werden. Allerdings befinden sie sich im Meer. Einerseits ist es bedrohlich und gefährlich, was bedeutet, dass die Integration des Schattens nicht einfach ist. Andererseits ist das Meer auch ein Wandlungssymbol; die abgetrennten Teile des Schattens im Meer bedürfen der Wandlung, ehe sie ins Selbst integriert werden können. Dass das Bewusste mit Licht verbunden ist, leuchtet ein, weil Licht ja der Archetypus des Geistigen ist. Warum aber ein Fest? Das Festmahl ist das Zusammenspiel gegensätzlicher Kräfte, ein Archetypus also der inneren Harmonie im gesamten Selbst. Auch symbolisiert es die Gedächtnisfeier und die Erinnerung an die verstorbenen Toten. In unserem Zusammenhang soll im bewussten Selbst eine Integration stattfinden, durch die alle Teile, auch teilweise verdrängte, bewusst gemacht und ins Selbst integriert werden.

In einem anderen Traum hält ein Mann einen menschlichen Embryo in seinen Händen. Der Embryo wird kleiner und immer kleiner, bis er sich in Luft auflöst. – Der Embryo ist er selbst. Seine Lebenskraft, dargestellt durch den Embryo, schwindet. Andererseits symbolisiert der Embryo aber auch den werdenden Menschen. Der Träumer hat sich also noch nicht völlig aufgegeben.

Einige Zeit später berichtet der Mann einen weiteren Traum. Er befindet sich mit seiner Mutter und dem Embryo unter Wasser. Er spricht mit dem Embryo und sagt zu ihm, dass er unter Wasser nicht atmen könne. Er solle wagen, an die Oberfläche zu kommen. Der Embryo, plötzlich ein Kind, schwamm an die Oberfläche und konnte leben. – Dies ist ein sehr hoffnungsvoller Traum. Der Träumer befindet sich nicht allein unter Wasser, sondern außer dem Embryo ist auch seine Mutter dort. Die Mutter ist das Symbol des hervorbringenden Lebens. Mutter und Embryo gehören zusammen. Da der Embryo der Träumer selbst ist, bedeutet diese enge Verbindung wohl kaum eine falsche Mutterbindung, sondern vielmehr die Vereinigung mit dem Leben. Auch schrumpft der Embryo nicht, sondern wächst (im Traum sehr schnell) zum Kind heran. Es schwimmt an die Oberfläche und kann leben. Dies alles geschieht im Wasser, dem Symbol der Wandlung. Die Aufforderung in diesem Traum ist deutlich: Bejahe das Leben und lasse das Kind zu einem reifen Menschen heranwachsen.

Ein anderer Mann träumt, dass er im eigenen Kleiderschrank das Skelett seines Vaters findet. Als er die Tür seines Schrankes aufmacht, erfasst das Skelett seine Hand und zieht ihn ins Grab hinunter, wo er zur Leiche wird und sich auflöst. – Der Schrank ist ein Symbol des Selbst. Als Kleiderschrank ist er voll von Kleidung, d. h. umhüllt von der Persona. Das Ich, geborgen in seiner Persona, scheint in Ordnung zu sein. Aber in seinem Leben hindert ihn die Vaterbindung, zu leben und sich zu entfalten. Wenn er diese Bindung nicht auflöst, wird sein Leben absterben. Das negative Bild des Vaters kann nicht seine Lebenslinie werden und seine Identität bilden. Die Aufforderung des Traumes ist, Versöhnungsarbeit zu leisten und sich so vom Vater zu befreien. Nur dann kann sein Leben reifen und wachsen.

Ilse Wrage erzählt einen sehr komplexen Traum eines 37 Jahre alten Mannes (Wrage 2000, S. 156): Wir, meine Frau und ich, waren auf dem Friedhof, wollten auf dem Grab meines Vaters Blumen gießen. Es waren keine Gießkannen zu finden. Meine Frau ging nach rechts raus, ich nach links, um welche zu suchen. Da raschelte etwas. Ich fand eine Gießkanne, ging zum Grab zurück. Meine Frau war nicht da. Dann raschelte wieder etwas zwischen den Bäumen und Sträuchern, so etwas wie eine Gestalt. Ich rief: „Wer sind Sie denn?" Ich hatte ein bisschen Angst, ging aber darauf zu. Er: „Komm nicht näher." – Ich: „Wer sind Sie denn?" Plötzlich glaubte ich, meinen Vater zu erkennen: „Du bist das, Olli?" Er antwortete nicht. Ein Mondstrahl beleuchtete sein Gesicht. Mir fiel die Kanne aus der Hand, ich zitterte. Ich wollte auf ihn zugehen, wie an seinem Sterbetag. Ich konnte nicht – wie an seinem Sterbetag. Dann kam meine Frau zurück: „Wie siehst Du denn aus?" – Ich bin stark schwitzend, im Bett stehend, aufgewacht. – Von der Subjektstufe her erzählt uns der Träumer, dass er mit 20 Jahren erfahren hat, dass er ein Adoptivkind ist. Von seinen leiblichen Eltern weiß er nichts. Er will auch nicht nachforschen. Seine frühe Erinnerung ist, dass er in einem Schuppen spielte. Vor der Tür waren Sockel. Er knickte um und stolperte. Er schlug sich den Kopf auf und bekam eine Beule. Er wurde zum Arzt gefahren. Es hätte noch schlimmer kommen können. „Kinder haben einen Schutzengel. Das war das Kennenlernen von Schmerzen." – Von der Objektstufe her tritt zutage, dass er aus einem Schuppen – ein Muttersymbol, aber ein kaltes – ins Leben gestolpert ist. Kein Vater, keine Mutter waren bei seiner Geburt zugegen. Aber die Adoption hat doch seine Wunden ein wenig geheilt; denn die Adoptiveltern sorgten für ihn, indem sie ihn zum Arzt brachten. Sie waren gleichsam Schutzengel. Von hier aus lässt sich der Traum deuten. Der Weg zum Grab des Adoptivvaters zeigt, dass er Verbundenheitsgefühle zu diesem hat, ebenso die Blumen, die auf dem Grab blühen. Die Gießkanne ist in diesem Zusammenhang wohl ein Pflegegegenstand, ein helfendes und pflegendes Symbol. Aber dies ist problematisch. Denn sie wird zunächst nicht gefunden. Mann und Frau trennen sich. Die Frau geht nach rechts, der männlichen Seite, der Mann nach links, der weiblichen Seite. Dies zeigt sein Verhältnis zum weiblichen Prinzip: Er ist an seine Frau gebunden, wie an alle Frauen, mit denen er z. B. im Beruf Umgang hat. Das Verhältnis zum Vater ist ambivalent. Denn einerseits behandelte dieser seinen Adoptivsohn autoritär, in einem Oben-Unten-Verhältnis. Dadurch wurde seine Identifikation mit dem Männlichen schwierig. Auch sein leiblicher Vater hat ihn ja ohne Übernahme von Verantwortung gezeugt. Und seine Mutter hat ihn abgegeben. Andererseits ist sein Adoptivvater das einzige Vorbild, das er hat. Darum pflanzt er Blumen auf sein Grab und pflegt es. Die Gießkanne, wie gesagt, ist ein Symbol von Pflege und Fürsorge. Weiter zeigt der Traum, dass ihm sein Vater zwischen Bäumen und Sträuchern erscheint. Sie sind Lebenssymbole. Als er die Gestalt seines Vaters erblickt, wird dieser von einem Mondstrahl beschienen. Dies wird zweimal erwähnt. Er will auf seinen Vater zugehen, aber er kann nicht – wie zu dessen Lebzeiten. Der Mond ist ein weibliches Symbol, und zwar ein Urbildhaftes. Der Vater erscheint dem Sohn im Glanze der Mutter. Als seine Frau zurückkommt, fragt sie nur: „Wie siehst du denn aus?“ Sie geht auf seine Problematik nicht ein. Dass er nach dem Erwachen im Bett aufrecht steht, zeigt, dass er durchaus Selbstbewusstsein und Selbstsein besitzt. Dies gilt es auszubauen. – Die Aufforderung des Traumes besteht zum Ersten darin, dass er sowohl seine männliche Seite entwickelt als auch die weibliche integriert. Dass er den Friedhof besucht, zeigt nicht nur die Verbindung, die er mit dem Vater hat, sondern auch das Problem, dass er sich noch nicht von diesem gelöst hat. Der Friedhof weist ja auf Vergangenes hin. Er fordert auf, Vergangenes zu verarbeiten und von ihm loszukommen. Unsicherheit und Verletzlichkeit, Abhängigkeit von helfenden Personen sollten vergangen sein. Vielmehr ist es seine Lebensaufgabe, in der Realwelt eine integrierte Person zu werden, die das Leben besteht.

Fritz Morgenthaler berichtet einen Traum, den er sehr formal nach Freud deutet (Morgenthaler 2005, S. 22 f.). Weil dieser Traum sehr interessant ist, will ich ihn darstellen und deuten. Der Träumer befindet sich in einer Berghütte; es ist Winter, und alles ist tief verschneit. Er schaut zum Fenster hinaus, und in der Ferne sieht er den Rücken einer Frauengestalt, die im Schnee den Berghang hinaufsteigt, ein steiler Aufstieg den Berg hinauf. Sie geht im Schnee. Diese Frau ist nicht mit einem modernen Schianzug bekleidet. Sie trägt einen alten Arbeitsoverall, einen Arbeitsanzug für Mechaniker oder Maurer, und auf den Schultern, auf einer Schulter, trägt sie alte Holzschier. – In diesem Traum ist der Berg ein Grenzberg zwischen Italien und der Schweiz, und der Träumer weiß im Traum, dass diese Frau in die Schweiz geht; sie will die Grenze überschreiten, weil sie in Italien wegen des Diebstahls der alten Holzschier gesucht wird. – Hier endet der erste Teil des Traumes, und der zweite Teil beginnt. Aus dem Inneren der Schihütte wird ein Wiener Salon des 19. Jahrhunderts, wo gerade ein großes, rauschendes bürgerliches Fest stattfindet, an dem auch Intellektuelle dieser Epoche teilnehmen; die Gäste verteilen sich. Teils tanzen sie in Paaren Walzer, teils sitzen sie ringsherum an Tischchen und schauen den Tanzenden zu. Der Träumer ist unter denen, die zusehen. Auf einmal begegnet er der Frau mit den Schiern, die in die Schweiz gegangen war und nun wieder nach Italien zurückgekehrt ist. In diesem Augenblick möchte der Träumer die Frau warnen, dass sie in Italien von der Polizei gesucht werde, aber die Frau lächelt nur. Fast ironisch hänselnd sagt sie: „Ja, ja, ich weiß schon, aber es interessiert mich nicht, und ich mache mir keine Sorgen." Der Träumer verbleibt ein wenig überrascht, weil er nicht gedacht hätte, dass die Frau es schon wüsste und sie eine solche distanzierte Haltung und Interesselosigkeit zeigen würde. Immerhin hat er im Salon zu kommunizieren gelernt, so dass er mit der Frau reden kann. – Wieder verändert sich der Traum zu einem dritten Teil. Der Träumer und die Frau sind jetzt zusammen in Paris, wo eine Karnevalsatmosphäre wie in Rio herrscht mit Musik, Lichtern und Tanz in den Straßen, und die zwei treten aus einem Palast direkt auf die Champs-Élysées, und die Frau zeigt mit dem Finger, er solle ans Ende der Allee schauen, wo das Denkmal, der Arc de Triomphe, steht. Er schaut und wird sich bewusst, dass diese Champs-Élysées viel länger und größer sind als in Wirklichkeit und daher auch die Entfernung enorm groß ist von ihrem Standpunkt am Anfang der Allee bis zum Ort, wo das von der Frau gedeutete Monument steht. Doch trotz dieser unendlichen Distanz kann er das Denkmal am anderen Ende der Allee ganz deutlich erkennen, und er sieht, dass es nicht der Arc de Triomphe ist, sondern eine riesige, gewaltige, ungeheuerliche Statue eines nackten Mannes, der etwas im Arm hält, aber er kann nicht genau sagen, ob es ein Kind oder die Welt ist. – Dies ist das Ende des Traumes.

Ich möchte nun versuchen, diesen sehr komplexen Traum zu deuten. Zunächst beobachte ich vier Linien, die die Struktur des Traumes bilden. (1) Der Raum wird immer größer: die Schihütte wird zum Salon und dieser zum Palast. (2) Auch die Atmosphäre ändert sich. Die kalte starre Winterlandschaft wird zu einem bürgerlichen Bildungsclub und dieser zum Palast und zur Weite der Pariser Prachtstraße, auf der es lebendig zugeht. (3) Auch der Träumer ändert sich. Zuerst bleibt er unsichtbar, ein Mann, der zum Fenster hinausschaut; kein Teilnehmer, sondern lediglich ein Beobachter. Dann ist er ein gebildeter Bürger, und schließlich ist er der Bewohner eines Palastes und bildet zugleich eine gewaltige und riesige Figur. (4) Die Frau sieht er zunächst nur von hinten, dann spricht er mit ihr, und schließlich ist er mit ihr zusammen. – Wenn wir die Archetypen deuten, dann stellt sich uns folgendes Bild dar:

Im ersten Teil ist die Schihütte das Selbst des Träumers. Sie ist klein und nicht wohnlich. Sie steht in einer verschneiten Winterlandschaft. Winter und Schnee sind Symbole der Isolation, Distanziertheit, Einsamkeit, der Abwesenheit von

Leben. Eine Schneelandschaft symbolisiert Einsamkeit, Schutzlosigkeit und Kälte und enthält damit etwas Bedrohliches. So sieht auch das reale Leben des Träumers aus. Die Frau ist eine Projektion seines eigenen Selbst, und zwar in der Figur der Anima. Die Frau ist alltäglich gekleidet und trägt alte Schier aus Holz. Es ist der Alltag, der den Träumer verfolgt und ihn hindert, sich zu entfalten. Dies hindert ihn auch, die Anima zu integrieren. Die Frau steigt einen steilen Berg hinauf, wie zweimal betont wird, durch den Schnee. Der Berg ist wiederum ein Symbol des Selbst. Aber dieses ist vereist, verschneit, zugedeckt. Der Weg zur Spitze des Berges wird durch die Steilheit und den Schnee erschwert. Die Begegnung mit dem weiblichen Teil in ihm, die Selbstwerdung, ist unter diesen Umständen unmöglich. Die Möglichkeit, die Grenzen zu überschreiten zu unverantwortlichen sexuellen Handlungen, verbietet die Polizei, das Über-Ich. Der zweite Teil führt in einen Salon des 19. Jahrhunderts. Dieser Salon ist ein Symbol für Gemeinschaft, aber auch für Geistigkeit, denn die bürgerlichen Salons des 19. Jahrhunderts waren Stätten der Bildung und des geistigen Austauschs. Es ist ein Kommunikationstraum. Ehe der Träumer die Anima integrieren kann, muss er sein Bewusstes entwickeln, die vier Funktionen des Ich: Wahrnehmen, Denken, Intuieren und Fühlen. Wobei durch die geistige Kommunikation Wahrnehmen und Denken, die männliche Seite, der Animus, gestärkt werden. Dies ist auch notwendig, damit später die Anima den Animus nicht verschlingt. Dies macht auch den ersten Kontakt mit der Anima möglich. Grenzüberschreitungen werden ausgeschlossen, denn die Frau ist ja zurückgekehrt. Der dritte Teil zeigt, dass die Integration der Anima geglückt ist. Der Träumer und die Frau treten aus einem Palast, einem reichen, bunten und prunkvollen Bauwerk. Ein Palast ist ein Symbol für das Weibliche. Hier hat die Vereinigung des Träumers mit der Anima stattgefunden. Das Selbst des Träumers ist nun reich und lebendig. Die Straße, hier die Champs-Élysées, ist ein Symbol für den Lebensweg. Dieser ist nun, nach der Vereinigung mit der Anima, bunt und lebendig. Aber der Weg zur völligen Integration ist noch weit. Und die Frau, die Anima, weist auf das Ende der Allee, wo eine riesige, nackte Gestalt steht, der Träumer, der ein Kind oder die Welt im Arm hält. Die Frau stellt ihn vor die Entscheidung: Die Integration der Anima führt auch zum Kind. Dieses ist ein Symbol für das Dritte, das Vereinigende, für einen glücklichen Anfang. Wählt er hingegen die Weltkugel, dann hat er alles, was er bisher erreicht hat, verloren. Dass er nackt ist, bedeutet nichts Sexuelles, keinen Exhibitionismus, sondern der ganze, der vollständige Mensch kann, ohne von der Persona verhüllt zu sein, zeigen, wer er ist.

Es ist noch eine weitere Deutung möglich. Zunächst ist der Träumer in der kargen Hütte, mit seiner kargen Kleidung und überholten, armseligen Schi in einer Winterlandschaft. Dies ist ein Spiegelbild seiner Minderwertigkeit, seiner Unterlegenheitsgefühle, aber auch seiner Einsamkeit und Isolation. Die Szene im Salon fordert den Träumer auf, sich zu bilden und zu entwickeln. So kann er seinen Minderwertigkeitskomplex kompensieren. Der dritte Teil warnt ihn, die übermächtige Gestalt, eine Überkompensation, zu vermeiden.

Auch die Struktur des Traumes lässt sich deuten. (1) Die Ausweitung von der kargen Hütte zur bürgerlichen Bildungsstätte, dem Salon, und schließlich zum Palast und der lebendigen Prachtstraße zeigt, wie sich das Innere des Träumer immer mehr ausweitet und reicher wird. (2) Auch die Atmosphäre wird immer lebendiger. Die kalte, tote Winterlandschaft wird zum kommunikativen Salon und dieser zum weiten Palast und der lebendigen, bunten Prachtstraße. Auch dies zeigt die Gesundung des Träumers. (3) Der Träumer wandelt sich vom unbeteiligten, isolierten Beobachter zum geistvollen Kommunikator und schließlich zum Teil einer lebendigen Welt. (4) Die Frau schließlich ist zuerst nur von ihrer Rückseite sichtbar, dann kommuniziert sie bereits und ist schließlich mit dem Träumer zusammen und weist ihn sogar auf das große Standbild hin mit der Aufforderung, das Kind zu wählen. Der Weg zur Integration der Anima durch den Träumer geschieht fortschreitend bis zur Integration der Anima in den Animus. So steht am Ende des Traumes eine integrierte, ganze Person.

Maja Müller-Spahn erzählt folgenden Traum (Müller-Spahn 2005, S. 127 f.): Eine kleine, mit Schutzkleidung bekleidete Frau sitzt mit Hammer und Meißel in einem Stollengang einer Edelsteinmine und trägt mühevoll Schicht um Schicht ab. – Ich möchte den Traum folgendermaßen deuten. Die Frau ist klein, aber arbeitsam. So empfindet sie sich nicht als minderwertig (Dekompensation), sondern kompensiert. Aber sie überkompensiert auch nicht. Der Stollengang symbolisiert ihr Unbewusstes. Dort arbeitet sie an ihrem Charakter, am zunehmenden Reichtum ihrer Seele.

Müller-Spahn schildert eine ganze Serie von Träumen eines ihrer Patienten namens Boris (ebd., S. 134–141).

Erster Traum: Boris befindet sich in einer Klinik. Der Arzt und die Krankenschwester tragen die Gesichtszüge seiner Eltern. Beide wollen ihm eine riesengroße Spritze in den Leib spritzen. – Dieser Traum weist eine sehr starke Verdichtung auf. Der Arzt ist der Vater, die Krankenschwester die Mutter. Der Vater sollte ihn beraten und schützen, die Mutter ihn pflegen, ernähren und umsorgen. Beide aber wollen ihn nur verletzen. Die Spritze ist eindeutig ein Aggressionsinstrument, und dies in der Hand der Eltern. In diesem kurzen Traum ist die gesamte Eltern-Kind-Problematik eingefangen.

Zweiter Traum: Auf einer Wiese steht hinter Boris ein sehr geschwächtes Pferd, das kraftlos und halb verhungert aussieht. An seiner linken Hüfte hat es eine große und tiefe Wunde. Ein Mitpatient greift mit der Hand in die Wunde und holt mehrere große Schrotkugeln heraus. Boris merkt, dass er auf einer hässlichen, grünen Schlange steht. Er springt auf und rennt weg. Der Mitpatient hat einen langen Stock, mit dem er die Köpfe der vier inzwischen aufgetauchten großen Schlangen zerschmettert. Dann steckt er den Stock wütend in die Erde und geht davon. – Das Pferd ist Boris selbst, und zwar nicht wie er ist, sondern wie er sein sollte. Das Pferd symbolisiert ja das männliche Prinzip, Kraft und Willensstärke. Aber in Wirklichkeit ist Boris schwach. Dass das Pferd halb verhungert ist, zeigt, dass ihn nach Anerkennung, Trost und Liebe hungert, aber nichts davon bekommt. Stattdessen wird seine linke Seite, die falsche, die ungeschickte Seite, mit einer Schrotflinte verletzt. Die Eltern schießen auf seine linke Seite, auf seine Schwächen und Mängel. Dies ist ein Aggressionssymbol, und zwar ein ausnehmend starkes. Boris merkt, dass er auf einer hässlichen, grünen Schlange steht. Durch die Giftfarbe und die Hässlichkeit ist diese Schlange zwar die Aufforderung, sich zu wandeln zu einem lebensfrohen Menschen, aber Boris verweigert dies. Er läuft vor sich und seiner seelischen Entwicklungsaufgabe weg. Ein Mitpatient taucht auf. Er entfernt die Schrotkugeln aus der Wunde und er tötet die – plötzlich vier – Schlangen. Wahrscheinlich ist der Mitpatient wiederum Boris selbst (Verschiebung). Mit einem Stock (Waffe, Zauberstab?) tötet er die vier Schlangen, rammt den Stock wütend in die Erde und geht weg. Vier Schlangen deuten eigentlich die Ganzheit an, die Boris erstreben soll. Aber er tötet sie und geht fort. Er verweigert auch diese Aufforderung, zu gesunden und ein ganzer Mensch zu werden.

Dritter Traum: Boris befindet sich im Haus seiner Eltern in dem heimatlichen Dorf. Aus dem Dach des Hauses lodern Flammen empor, aber die Eltern scheinen zu schlafen. Er weckt sie, rennt die Treppe hinunter und merkt plötzlich, dass ihm die Zähne der rechten Gebisshälfte ausfallen und spuckt sie in seine Hände. Die Zähne sind ganz ausgetrocknet und verfault wie bei einem Toten. Boris kümmert es nicht weiter, und er denkt sich nur, dass er zum Zahnarzt gehen muss, um sich eine Zahnprothese machen zu lassen. –

Das Haus könnte ein Gemeinschaftssymbol sein. Aber die Eltern schlafen. Sie existieren gleichsam nicht; sie sind eigentlich tot. So ist das Haus ein Symbol für Boris' Selbst. Das Hausdach symbolisiert das Bewusste. Dass es brennt, ist ein Destruktionssymbol. Sein Bewusstes wird immer mehr zerstört. Er weckt die Eltern, aber es bleibt offen, ob sie aufstehen und was sie tun. Offenkundig spielen sie im Weiteren keine Rolle. Er rennt die Treppe hinunter, gleichsam ins Vorbewusste und Unbewusste hinab. Aber auch dies bringt keine Lösung. Denn die Zähne der rechten Gesichtshälfte sind ausgefallen, vertrocknet und verfault – wie bei einem Toten. Zähne sind Symbole der Kraft. Aber sie können auch Jahre bedeuten. Nun heißt das nicht, dass die Jahre die Lebensspanne angeben (acht ausgefallene Zähne bedeuten nicht, dass der Träumer in acht Jahren stirbt). Vielmehr sind sie gleichnishaft zu verstehen: Wie viele Jahre sind vergeudet und verloren? Das Leben gleicht dem Totsein. Ein Trost bleibt: Die Zähne der linken, allerdings geringwertigen Gesichtshälfte existieren noch.

Vierter Traum: Boris befindet sich im Garten seiner Eltern. Ein schwarzer Wagen, voller als Samurai gekleideter Männer, fährt vorbei. Die vermummten Gestalten sind mit Schwertern bewaffnet und schauen ihn an. Sein Vater rasiert sich vor dem Spiegel im Raum neben dem Bad, ohne zu merken, dass die Tür neben ihm mit einem Schwert durchbohrt wurde und an dieser Stelle Blut hinunter geflossen und bereits geronnen ist. Boris hingegen sieht das sofort und schreit: „Der Onkel ist tot!" Der Vater reißt daraufhin die Tür auf.

Beide sehen, dass der Onkel mitten im Bauch durchbohrt wurde und mit dem Schwert im Körper an der Tür hängt. Der junge Mann (Boris) schreit vor Schmerz auf, nimmt ein großes Messer und schneidet sich den kleinen Finger seiner rechten Hand zur Hälfte ab. Vom Rachegefühl erfüllt, ruft er: „Ich töte sie!" Er ergreift das Messer und rennt los, um die Samurai zu suchen. – Dies ist ein sehr komplexer Traum, den ich deuten möchte. Zunächst befindet sich Boris im Garten. Dieser ist umhegt und gepflegt. Er ist ein Symbol der Fruchtbarkeit und Geborgenheit. Ist dies ein erster Hinweis auf seine Gesundung? Ein schwarzer Wagen (schwarz ist die Farbe des Bösen) fährt vor mit vermummten Männern. Sie bleiben anonym, sind mit Schwertern bewaffnet und sehen Boris an. Die Samurai sind ein ausgeprägtes Aggressionssymbol. Dass sie vermummt sind, kann auf ein starkes Aggressionspotential in Boris' Unbewusstem hindeuten. Der Vater rasiert sich, aber nicht im Bad, sondern in einem Raum nebenan, wo auch ein Spiegel ist. Der Vater spiegelt sich; sollte er sich erkennen und sich dem Sohn allmählich zuwenden? Dies zeigt an, dass es kein alltäglicher Vorgang ist, sondern ein außergewöhnlicher. Dass der Vater sich rasiert, ist ein Tötungssymbol (auch ein Entmannungssymbol). Der Weg zum Vater führt durch eine mit einem Schwert durchbohrte Tür, an der Blut herabfloss, das schon getrocknet ist. Schon lange also besteht die Aggressivität gegen den Vater. Der Vater reißt die Tür auf und beide, Vater und Sohn, sehen den Onkel am Leib durchbohrt mit dem Schwert im Körper an der Tür hängen. Boris schreit: „Der Onkel ist tot!" Wir müssen vermuten, dass Boris die Vatergestalt auf den Onkel verschoben hat. Der Getötete ist also der Vater. Um den unbewussten Vatermord zu sühnen, opfert Boris einen Teil seines kleinen Fingers, und zwar der rechten Hand, der guten Seite seines Selbst. Den Finger zu opfern bedeutet, einen Teil seines Selbst zu opfern. Auch dass er die Samurai (seine unbewussten Tötungsabsichten) töten will, zeigt, dass er seine Vatermordgedanken bekämpft.

Fünfter Traum: Ein Cousin von Boris und er möchten baden gehen. Boris' Vater gibt seinem Sohn ein Moped und erklärt ihm, wie er zu fahren hat. Boris fährt einen Hügel hinauf und ist berauscht von der Geschwindigkeit. Dort oben befindet sich ein Kanal mit einer Schleuse zum Regulieren des Wasserniveaus. Das Wasser ist ausgenommen schmutzig, von grünlich-brauner Farbe, die Strömung stark und das Kanalbett ganz voll. Der junge Mann (Boris) empfindet zwiespältige Gefühle; einerseits gefällt ihm das Wasser nicht, andererseits empfindet er einen Drang hineinzugehen. Viele junge Leute baden bereits darin. Ein Jugendlicher namens Peter wendet sich an Boris und sagt, der Kanal sei Privatbesitz und er allein könne die Erlaubnis zum Baden erteilen oder ein Verbot aussprechen. Boris dreht sich wortlos um und stellt fest, dass sein Moped geklaut wurde. Er ist verärgert und fasst Peter an den Hals, aber dieser lacht ihn nur aus. – Auch dieser Traum ist sehr komplex. Boris und sein Cousin wollen baden gehen. Der Cousin spielt im Traum keine weitere Rolle. Boris will baden; er möchte sein Inneres reinigen und sich verändern. Die erste Veränderung ist schon bemerkbar: Boris fährt mit einem Moped einen Hügel hinauf. Das Moped ist ein Symbol des Selbst, das bereits befreit ist, denn Boris fährt das Gefährt selbst den Hügel hinauf, und das voller Glücksgefühle. Allerdings ist er immer noch an den Vater gebunden, denn dieser erklärt ihm, wie er zu fahren hat. Aber dieser Teil des Traumes kann auch positiv gedeutet werden, denn die Erklärung des Vaters ist ja hilfreich und richtig. Er fährt den Hügel hinauf. Auch dieser ist ein Symbol des Selbst. Ihn hinaufzufahren bedeutet, dass Boris sein Selbst verwirklichen möchte. Aber dafür muss er sich wandeln. Oben, am Ort der Selbstverwirklichung, gibt es einen Kanal mit einer Schleuse zur Regulierung des Wasserstandes. Baden in dem Kanal wäre die Wandlung, und die Schleuse könnte die Wandlung leiten und regulieren. Aber der Wandlung steht noch manches entgegen. Der Kanal ist schmutzig. Die Strömung ist stark und erlaubt das Bad kaum. Das Kanalbett ist voll, was einerseits die Wandlung ermöglicht, es aber andererseits grundlos erscheinen lässt. Viele junge Leute baden darin. Es sind die Gleichaltrigen, denn Boris ist ja auch ein junger Mann. Sie alle akzeptieren ihre Wandlung vom Jugendlichen zum Erwachsenen. Aber Boris isoliert sich. Er gehört keiner Peer-Group an. Ein junger Mann, Peter, taucht plötzlich auf und sagt, nur er könne erlauben und verbieten, den Kanal zu nutzen. Peter ist offenkundig Boris selber, und zwar sein Gewissen (erlauben, verbieten). Dieses ist zugleich die Elterninstanz in ihm. Es bleibt völlig offen, ob Boris badet und sich wandelt oder nicht. Wahrscheinlich hindert ihn das Elterngewissen daran: Sein Moped ist gestohlen worden; sein Selbst ist von den

Eltern wieder „geklaut" worden. Sein Angriff auf das beengende Gewissen wird von diesem abgewehrt.

Sechster Traum: Boris befindet sich in einem Wald und beobachtet, wie ein Tiger ein Fahrrad fahrendes, dunkelhaariges, etwa fünfjähriges Mädchen in einem blauen Kleid verfolgt. Der junge Mann (Boris) versucht, hinter dem Tiger zu bleiben, und sieht dabei plötzlich einen großen kahlköpfigen Mann hinter einem Busch liegen, der offensichtlich vom Tiger getötet worden ist. Er hat am Hals eine große Fleischwunde, die weiße Kleidung ist blutbefleckt. Boris scheint nicht verwundert, geht weiter und sieht den Tiger auf einer Lichtung stehen. Zunächst erstarrt der junge Mann, dann fällt ihm ein, er könne den Tiger erschießen. Er nimmt sein Gewehr von der Schulter und schießt wild um sich, ohne den Tiger zu treffen, der daraufhin im Wald verschwindet. – Dieser Traum zeigt in typischer Weise die Mehrdeutigkeit von Traumsymbolen. Der Wald ist ein Symbol für das Ungeformte, Weglose im Unbewussten. Hier bedeutet es, dass chaotische Mächte mit schöpferischen konkurrieren. Ein Tiger verfolgt ein fünfjähriges Mädchen auf einem Fahrrad. Sie trägt ein blaues Kleid. Das Fahrrad ist wiederum ein Symbol des Selbst. Aber wer ist dieses Mädchen? Fünf Jahre alt und mit einem blauen Kleid bekleidet. Blau ist die Farbe der Himmelsgöttin. Das Mädchen ist eine noch wenig entwickelte Anima, die aber bereits das Weibliche enthält. Boris will hinter dem Tiger und dem Mädchen her laufen. Da sieht er einen großen kahlköpfigen Mann im Gebüsch liegen. Dieser hat eine große Fleischwunde am Hals. Seine Kleidung ist weiß. Dieser Mann dürfte der Vater sein. Er ist für Boris gestorben. Die Vaterbindung scheint gelöst zu sein. Die weiße Kleidung dürfte die Leichenkleidung oder auch die positive Seite des väterlichen Selbst sein. Und die Kahlköpfigkeit weist auf die Machtlosigkeit des Vaters hin, denn Haare sind u. a. beim Mann ein Männlichkeitssymbol. Die positive Seite des Vaters hat jedoch über seine negative gesiegt. Was oder wer ist aber der Tiger? Es gibt zwei Möglichkeiten. Der Tiger könnte der Vater sein. Dann ist der Tote die negative Seite des Vaters und der Tiger seine positive Seite. Aber warum verfolgt die gute Seite des Vaters das kleine Mädchen? Dieses verschwindet aus dem Trauminhalt. Stattdessen sieht Boris den Tiger, den Vater, auf einer Lichtung stehen. Die Lichtung ist ja ein Symbol für die Idylle. Darum schießt Boris nicht gezielt auf den Vater; er trifft ihn auch nicht. Seine Aggressionen sind ungerichtet. Der Tiger verschwindet im Wald. Die zweite Möglichkeit der Deutung wäre, dass der Tiger Boris selbst ist. Dann würde er hinter dem Mädchen herlaufen, um die Anima zu integrieren, was ja zu seiner Selbstwerdung notwendig wäre. Aber daran will ihn der Vater hindern. Das Mädchen kann aber auch Boris selbst sein. Es symbolisiert Boris‘ kindliche Abhängigkeit von seinem Vater. Warum will er aber den Tiger, sich selbst, erschießen? Dieser verschwindet im Wald, im Chaos, im Ungeformten des Unbewussten. Vielleicht würde eine Befragung des Träumers mehr Licht in die Deutung bringen. Aber ich habe diesen Traum gewählt, weil er deutlich zeigt, wie verdichtet der Trauminhalt ist, wie mehrdeutig die Symbole und Archetypen sind und wie unterschiedlich die Verschiebung gedeutet werden kann.

Siebter Traum: Boris fährt mit seinem Fahrrad zu den Großeltern, weil er sie besuchen möchte. Freudig überrascht öffnet ihm sein Onkel (der im Samurai-Traum getötet wurde) die Tür und umarmt ihn herzlich. Dann geht Boris ins Zimmer der Großeltern, um ihnen sein Geschenk zu überreichen, einen roten Eimer, voll mit reifen, blauen Weintrauben und roten Äpfeln. Er erklärt, dass er dieses Obst auf der Fahrt zu den Großeltern gepflückt habe. – Dieser Traum zeigt, dass Boris gesundet ist. Das Fahrrad ist wiederum ein Symbol des Selbst. Er fährt es selbständig, ohne Hinweise seines Vaters. Der Onkel, ein Substitut für den Vater, begrüßt ihn herzlich. Den Großeltern, sie sind Träger der Tradition und bestimmen damit den Inhalt von Boris' Gewissen, bringt er sein Geschenk. Der Eimer symbolisiert zunächst durch seine rote Farbe, die zweimal erwähnt wird, dass Boris einen eigenen Willen und eine eigene Aktivität entwickelt hat. Der Eimer stellt die Person Boris dar; er enthält die Vielfalt seiner Lebensmöglichkeiten und seine Eigenschaften. Darüber, welche das sind, entscheidet der Inhalt des Eimers. In ihm sind blaue Trauben und rote Äpfel. Trauben sind ein Symbol für Lebenskraft, aber auch für Fest und Feier. Rote Äpfel symbolisieren Weisheit und Erkenntnis, durch die Kugelform aber auch Allseitigkeit, und sie stellen gleichzeitig ein Symbol des Selbst dar. Die blauen Trauben wecken Assoziationen an die Himmelsfarbe. Diese Trauben und Äpfel im roten Eimer, sich selbst als gesundete Person, überreicht Boris den Großeltern. Wir können Großeltern und Onkel auch als Verwandtschaft deuten. Dann ist Boris wieder in die Gesamtfamilie eingefügt. Boris hat also Frieden mit dem Vater, mit der Verwandtschaft, mit dem Gewissen und mit sich selbst geschlossen.

Ich möchte im Folgenden Traumdeutungen aus meiner eigenen Praxis erzählen:

Eine Frau träumt, dass sie unter Mühen einen steilen Berg erklimmt. Sie hat schon drei Viertel des Aufstiegs bewältigt. Aber ihre Kräfte lassen nach. Sie kann nicht weiter nach oben steigen. Als sie nach unten blickt, sieht sie, dass ihre Mutter an ihrem Bein hängt. – Dieser Fall zeigt, wie schnell mitunter eine Diagnose erreicht wird und wie einsichtig diese für den Ratsuchenden sein kann. Der Berg ist auch hier ein Symbol für das Selbst der Träumerin. Durch die Beratung weiß sie, dass sie reifen muss. Aber sie weiß nicht, was sie am Fortkommen hindert. Ja, sie muss diesen Berg erklimmen, sie muss bis zur Spitze aufsteigen. Sie wird dadurch zum ganzen Menschen, indem sie ihr Selbst verwirklicht, das alle Teile der Psyche zusammenhält. Das einzige, was sie noch daran hindert, ist die Mutterbindung. Daran wird nun in der Beratung gearbeitet, und zwar mit Erfolg.

Ein Mann träumt, dass er mit einem Zug fährt. Zunächst geht es durch eine gewöhnliche, schöne Landschaft. Dann aber fährt er plötzlich durch einen Tunnel. Als er ihn durchquert hat, eröffnet sich ihm eine trostlose, karge Landschaft, voller Geröll und Gestein, ohne jeglichen Pflanzenbewuchs. Plötzlich bemerkt er, dass der Zug auf einen Abgrund zurast. Mit einem großen Schreck wacht er auf. – Der Zug ist ein

Symbol des Selbst. Ob er allein fährt oder ob der Zug voller Menschen ist, die mit ihm reisen ist, lässt der Traum offen. Dies kann bedeuteten, dass der Mann zwar Mitreisende hat, aber isoliert ist. Inmitten der Menschen ist er einsam. Die Fahrt des Zuges ist der Lebensweg. Dass der Träumer einen Zug wählt, der auf vorgeschriebenen Schienen fährt, kann etwas bedeuten: Sein Alltag ist vorgezeichnet und seine Arbeits- und Alltagswelt ist fremdbestimmt. Dies wird dadurch ergänzt, dass er durch eine gewöhnliche Landschaft fährt, durch den Alltag, das Normale. Der Tunnel bedeutet zunächst die Berücksichtigung unbewusster Vorgänge. Dann deutet er Ängste des Träumers an, und zwar Lebensängste (es gibt ja die Tunnelangst als neurotische Störung). Nach Freud wäre der Tunnel der Geburtskanal. Greifen wir diese Deutung auf, dann handelt es sich um einen Wiedergeburtstraum. Der Träumer muss neu geboren werden, das alte Leben des trostlosen Alltags hinter sich lassen und ein neues Leben beginnen. Allerdings eröffnet sich ihm nach Verlassen des Tunnels eine steinige, felsige Landschaft. Wenn wir dies positiv deuten, heißt das, dass der Träumer eine schwere Aufgabe vor sich hat: die Arbeit am Charakter. Das bedeutet, Arbeitsfreude zu entwickeln, den Alltag bunt zu gestalten und in Gemeinschaft zu leben. Dass ein Abgrund droht, ist ein Entscheidungssymbol: Der Träumer muss sich entscheiden, die trostlose Seelenlandschaft zu bepflanzen, oder er wird in die Sinnlosigkeit stürzen.

Ein Mann träumt, er sitze an einem Teich, der ruhig vor ihm liegt und den Himmel spiegelt. Seerosen und Schilf bewachsen den Rand. Ob Wasservögel auf dem Teich schwimmen und Fische in ihm ihre Bahn ziehen, bleibt offen. Hinter ihm fließt ein breiter Fluss. Jenseits des Flusses sieht der Träumer eine Stadt. – Den Teich zu deuten, ist nicht leicht. Ich könnte verführt werden, in den Teich, der den Himmel spiegelt, Wasservögel und Fische zu interpretieren. Aber der Teich hat ja ein Gegenstück: die Stadt. Dann ist der Teich eine Idylle, eine Flucht in eine schöne Scheinwelt, eine Traumwelt. Dieses Phänomen kennen wir ja aus Adlers Deutung: Der Minderwertigkeitskomplex ist so ausgeprägt, dass der Mensch so stark dekompensiert, dass er aus der Realität in die Welt des Traumes flieht. Der Traum fordert darum den Träumer auf, den Teich zu verlassen und die Stadt, das Leben voller Arbeit und Pflichten, aufzusuchen Aber zunächst muss er einen Fluss überqueren. Dies ist ein Wandlungssymbol, denn er soll ja nicht auf dem Fluss schwimmen; dies wäre ein Symbol für den Lebensweg. Er soll ihn durchschwimmen auf die andere Seite. Dies ist ein Wandlungssymbol. Der Träumer muss sein Leben grundlegend verändern, wandeln. Nur dann kann er seine Pflichten erfüllen und das Leben bestehen.

Eine Frau träumt, sie fahre mit ihrem Auto aus der Tiefgarage auf die Straße. Während der Fahrt bemerkt sie plötzlich, dass nicht sie am Steuer sitzt, sondern ihre Mutter. – Die Tiefgarage ist ein Symbol für das Unbewusste. Der Traum ist also kein Tagesrest, sondern ein tiefer Traum. Das Auto ist ein Symbol des Selbst. Die Straße symbolisiert den Lebensweg. Auch dieser Traum fordert dazu auf, die Mutterbindung zu lösen und ein selbstbestimmtes Leben zu führen.

Einige Zeit später erzählt dieselbe Frau, dass sie wieder geträumt hat, dass sie aus der Tiefgarage auf die Straße fährt. Nun aber sitzt sie selbst am Steuer, und die Mutter sitzt neben ihr. Dieser Traum zeigt, wie gut die Mutterbindung bereits gelöst ist und sie selbst ihr Leben bestimmt.

Noch einige Zeit später erzählt sie, dass sie aus der Tiefgarage herausfährt auf die Straße, aber diesmal allein auf einem Motorrad. Fröhlich fährt sie aus der Stadt hinaus in eine schöne Landschaft. Die Mutterbindung ist nun völlig aufgelöst. Das Motorrad ist ein Symbol des Selbst, und zwar nun eines freien, selbstbestimmten Selbst, das durch das blühende Leben fährt. Die Frau ist geheilt.

Ein Mann erzählt, dass er im Traum durch einen finsteren Wald geht. Er gelangt auf eine Lichtung. Dort ist ein kleiner See. Er erblickt eine Höhle. In ihr liegt ein Schatz, um den sich eine Schlange ringelt. Er erwacht und steht dem Traum hilflos gegenüber. – Dieser Traum ist ein „Großer Traum“. Der Wald symbolisiert die feindliche, düstere, freudlose, auch bedrohliche Welt, in der der Träumer zurzeit lebt. Er betritt eine Lichtung. In dieser Welt gibt es eine Zuflucht: eine Idylle. Der See vervollständigt die Idylle. Aber dann eröffnet sich dem Träumer eine Höhle. Sie erinnert an die Urmutter und die Geburtshöhle. Ja, er muss wiedergeboren werden. Und zwar dadurch, dass er den Schatz an sich nimmt. Die Schlange ist nicht gefährlich. Sie symbolisiert die Ganzheit. Die Aufforderung besteht darin, die Ganzheit anzustreben und den wertvollen Schatz, sein Selbst, an sich zu nehmen und ihn zu integrieren.

Eine Frau träumt, sie sitze auf einem Baum. Ihm gegenüber ist ihr Geburtshaus, wo sie aufgewachsen ist. Sie will dorthin, aber um den Baum kreist ein Fuchs, der dies verhindert. Der Baum ist glücklicherweise nicht kahl, sondern belaubt. – Die Deutung ist nicht einfach. Der Baum ist das Selbst der Träumerin. Er ist grün, d. h. gesund. Sie will die Verbindung mit der Verwandtschaft und ihrer Kindheitsgeschichte wieder herstellen, aber es gelingt nicht, weil der Fuchs es verhindert. Ich versuchte, den Fuchs als ein geistiges, kluges Symbol zu deuten. Das würde heißen, dass ihr Intellekt, ihre Klugheit sie hindert, die Familienbande wieder zu knüpfen. Sie lehnte diese Deutung ab. Und ich stimmte ihr zu. Einige Zeit später berichtete sie über Schwierigkeiten mit ihrer Mutter. Nun erinnerte ich sie an ihren Traum und sagte: „Jetzt wissen wir, wer dieser Fuchs ist: Ihre Mutter." Sie stimmte sofort zu. Als die Mutterbindung gelöst war, waren der Weg zu ihrer Kindheitsgeschichte und die Verwandtschaftsverbindungen möglich.

Eine Frau war lange Zeit in einer Therapie und wurde dort wegen eines Vaterkomplexes behandelt. Als sie zu mir kam, berichtete sie einen Traum: Sie befindet sich in einem Zimmer. Sie ist ganz klein und ihre Schwester ist riesengroß. Im Nebenzimmer ist ihr Vater. Er sitzt in einer Ecke und ist ganz klein. – Die Deutung ist einfach, aber für die Frau überzeugend. Dass es einen Vaterkonflikt gab, ist richtig. Aber er sitzt im Nebenzimmer. Es ist ein Nebenproblem. Das Hauptproblem ist ihre Schwester. Als ich dies vorbrachte, stimmte die Frau sofort zu. Ihre Schwester sei wunderschön, erfolgreich, stehe immer im Mittelpunkt und werde von allen bewundert. In ihrer Kirchengemeinde leite sie die Musik und trage selbst Lieder vor. Sie sei die ältere Schwester. Die Ratsuchende als die Zweitgeborene konnte nie mit ihr mithalten. Sie war immer die Zweite, die erfolglos ist, nichts kann, zu nichts gut ist usw. Sie dekompensiert und hat zum Glück nur die Tendenz zu depressiven Verstimmungen. Wir bearbeiteten gemeinsam den Traum und arbeiteten alle ihre Vorzüge heraus; und wir merkten, dass ihre Vorzüge die ihrer Schwester übertrafen, weil es alltägliche und reale Vorzüge waren. Wir merken, wie wichtig es ist, auch Adler für die Traumdeutung heranzuziehen; seine Lehre von der Geschwisterkonstellation.

Eine Frau berichtete in der Therapiegruppe, sie habe geträumt, dass sie mit mir geschlafen habe. Sie schäme sich so. Ich konnte sie trösten, dass es ein Übertragungstraum sei. Erstens könne ich an die Stelle ihres Mannes treten (Verschiebung), und sie habe den Wunsch, mit ihrem Mann öfter zu schlafen. Wahrscheinlich aber sei es ein Übertragungstraum (Noack 1998/1999, S. 102–114). Wenn in der Therapie Unbewusstes zur Sprache komme und vieles aus der Kindheit aufgedeckt werde, bleibe es nicht aus, dass der Therapeut an die Stelle des Vaters aus der frühen Kindheit trete und die Liebesgefühle gegenüber dem Vater auf den Therapeuten übertragen würden. Dies war der Anlass, in der

Gruppe einen kleinen Vortrag über Übertragung und Gegenübertragung zu halten, der großes Interesse fand. Ich erklärte, dass nach intimen Gesprächen die Frau in die Kindheit im Alter von etwa fünf Jahren zurückkehrt (Regression) und den Berater in die Position des Vaters einsetzt. Alle Gefühle des Kleinkindes gegenüber dem Vater werden auf den Berater übertragen (*Übertragung*). Dies sind liebevolle, in der Regel sogar sexuelle Fantasien des kleinen Mädchens, die nun dem Berater gelten. Die Frau ist nun bereit, alle Ratschläge des Beraters zu erfüllen und für ihn ein liebes Kind zu sein. Dies ist nennt man *positive Übertragung*. Wenn er diese Angebote annimmt, findet die *Gegenübertragung* statt. Die Gegenübertragung scheint Vorteile zu haben. In der Vaterposition kann der Therapeut die Frau nacherziehen. Aber oft wird in der Gegenübertragung das sexuelle Angebot angenommen. Weil die Gegenübertragung so gefährlich ist, lehne ich sie ab. Ich habe sie nie genutzt, sondern, sobald Übertragungsangebote erfolgten, die Situation aufgeklärt. Denn wenn dies nicht geschieht, schlägt die positive in die *negative Übertragung* um. Alle negativen Eigenschaften des Vaters werden jetzt von der enttäuschten Frau auf den Berater übertragen. Er kann nun mit einer negativen Gegenübertragung reagieren und die Frau gänzlich ablehnen. – Die Frau war beruhigt und konnte nun wieder frei und unbeschwert mit mir kommunizieren.

Ich habe diesen Übertragungstraum so ausführlich dargestellt, weil solche Träume häufig sind. Vor allem zerstören Übertragungen und Gegenübertragungen oftmals Existenzen und ganze Familien.

Eine Frau erzählt mir drei Träume. Erster Traum: Die Träumerin befindet sich in einer großen, prächtigen Villa, in der sie wohnt. Aber das Dach ist undicht. Das Wasser strömt die Wände hinab und durch ein Loch im Fußboden sogar in das Untergeschoss. – In diesem Traum bedeutet das Haus sicherlich das Selbst der Frau. Es ist reich und vielfältig. Eigentlich hat sie ein beneidenswertes Leben. Aber das Wasser strömt die Wände hinab. Das Haus hat schwerwiegende Mängel. Andererseits ist das Wasser ein Lebenssymbol. Hilfreich ist eine Bemerkung der Frau, dass sie vier Kinder hat und zwei Adoptivkinder. Ihr Mann hat sie vor vielen Jahren wegen einer anderen Frau verlassen. Nun klärt sich der Traum: Das Wasser sind die Kinder, die das ganze Haus in Anspruch nehmen. Und zwar sowohl das Haus selbst als auch das Haus als das Selbst der Träumerin. Die sechs Kinder überbeanspruchen sie. Aber sie sind ja lebendige Personen, die sie liebt. So fordert der Traum die Träumerin auf, das Haus mit den Kindern zu pflegen und sich den Kindern zu widmen, gleichzeitig aber auch ihre eigenen Bedürfnisse zu erfüllen und das Leben außerhalb der Familie nicht zu vernachlässigen.

Traum zwei: Die Frau schwimmt in einem großen Fluss und hat Angst zu ertrinken. Aber immer wieder gibt es Bäume, an denen sie sich festhalten kann. Der Fluss ist der Lebensfluss. Positiv ist, dass sie mit dem Fluss schwimmt, sich von ihm gleichsam tragen lässt. Vor allem gibt es Bäume, an die sie sich halten kann. – Bäume sind Lebenssymbole. Es sind Menschen und Situationen, die helfen und das Leben bereichern. Die Aufforderung des Traumes ist, diese Bäume zu nutzen, sich ihnen anzuschließen und mit ihnen zu leben.

Traum drei: Die Frau steht an Deck eines Schiffes, das auf dem Meer schwimmt, und sie hat Angst, ins Wasser zu springen. Ob sie allein auf dem Schiff ist oder zusammen mit anderen Passagieren, lässt der Traum offen. – Das Meer hat eine doppelte, eine gegensätzliche Bedeutung. Es ist zerstörend, es verschlingt Schiffe (Symbole des Selbst) sowie Menschen und mit seinen Sturmfluten ganze Landschaften. Es ist aber auch ein Symbol für das Geistige, Göttliche, ja, für die Gottheit selbst. Die erste Deutung wäre, dass die Frau sich selbst töten will oder zumindest zerstörerische Handlungen vollführt, überhaupt einen Lebensstil der Zerstörung und Selbstzerstörung wählt. Die zweite Deutung wäre, dass sie zögert, sich dem Göttlichen hinzugeben. Die Frau stimmt sofort der zweiten Deutung zu. Sie sei Christin und habe Schwierigkeiten mit ihrem Glauben. Die Aufforderung des Traumes wäre dann, eine Kirche zu wählen, die zu ihr passt.

Eine junge Frau erzählte mir, dass sie fast jede Nacht träume, dass sie stirbt. Sie habe Angst, dass sie sterben müsse oder sich selbst das Leben nehme. Sie erzählte, dass ein junger Mann um ihre Hand angehalten habe. Sie war eine schöne, lebendige Frau, die von jungen Männern umschwärmt war. Wie gut, dass ich sie beruhigen konnte. Ja, sagte ich, du musst sterben, und zwar das junge, umschwärmte Mädchen muss sterben und die junge Frau soll auferstehen. Als sie sich für den jungen Mann entschieden hatte, hörten diese Träume auf.

9 Literatur

ADLER, A.: *Die Technik der Individualpsychologie. Die Seele des schwererziehbaren Kindes.* München 1930.

ADLER, A.: *Menschenkenntnis.* Leipzig 1927.

BENEDETTI, G.: *Die Psychoanalyse der Träume und die Träume in der Psychosenbehandlung.* In: Körner, J., Krutzenbichler, S. (Hrsg.): Der Traum in der Psychoanalyse. Göttingen 2000. S. 146–151.

FREUD, S.: *Abriß der Psychoanalyse.* Orig. 1938., Hamburg 1970, S. 9–61.

HARK, H.: *Der Traum als Gottes vergessene Sprache.* Olten 1982.

JACOBI, J.: *Die Psychologie von C. G. Jung. Eine Einführung in das Gesamtwerk.* Frankfurt a. M. 1977.

JUNG, C. G.: *Beiträge zur Symbolik des Selbst.* Aus: Aion. Untersuchungen zur Symbolgeschichte. Leinen 1951.

JUNG, C. G.: *Vom Wesen der Träume.* Aus: Über psychische Energetik und das Wesen der Träume. 3. Aufl. o. O. 1965.

KALBEN, B. VON: *Träume.* Planet Wissen, online unter http://www.planet-wissen.de/alltag_gesundheit/schlaf/traeume/index.jsp, Stand vom 29.10.2012, zuletzt abgerufen am 13.01.2014.

KURTH, H.: *Lexikon der Traumsymbole.* 3. Aufl. Genf 1985.

MEIER, I.: *Komplexe und Schemata. Ein Vergleich von Konzepten der analytischen Psychologie nach C. G. Jung und der Schematherapie nach Jeffrey Young.* In: Psychotherapie-Wissenschaft 1 (2013).

MORGENTHALER, F.: *Ein Traumseminar mit Morgenthaler in Italien.* Aus: Psychoanalyse, Traum, Ethnologie. Vermischte Schriften. Herausgegeben v. J. Valk. Gießen 2005. S. 21–54.

MÜLLER-SPAHN, M.: *Symbolik – Traum – Kreativität im Umgang mit psychischen Problemen.* Göttingen 2005.

NOACK, W.: *Psychodynamische Vorgänge (Übertragung, Gegenübertragung) in der Beratung*. In: Spes Christiana 9/10 (1998/1999). S. 102–114.

RAGUSE, H.: *Wittgensteins Interpretation der Traumdeutung Freuds*. In: Körner, J., Krutzenbichler, S. (Hrsg.): Der Traum in der Psychoanalyse. Göttingen 2000. S. 80.

RATTNER, J.: *Individualpsychologie. Einführung in die tiefenpsychologische Lehre Alfred Adlers*. München/Basel 1961.

SCHLIEPHACKE, B. P.: *Bildersprache der Seele. Lexikon zur Symbolpsychologie*. Berlin 1970.

SPRENGELER, H.-TH.: *Der Umgang mit dem manifesten Traum in der Psychoanalyse*. In: Körner, J., Krutzenbichler, S. (Hrsg.): Der Traum in der Psychoanalyse. Göttingen 2000. S. 128.

SPRINGER, A.: *Post-Jungianisches zum Traum in der Analysestunde*. In: Körner, J., Krutzenbichler, S. (Hrsg.): Der Traum in der Psychoanalyse. Göttingen 2000. S. 114–125.

STANGL, W.: *Der Schlaf – Die REM-Phasen*. [werner stangl]s arbeitsblätter, online unter http://arbeitsblaetter.stangl-taller.at/SCHLAF/REM-Phasen.shtml, zuletzt abgerufen am 13.01.2014.

VOLKMER, A.: *Die Deutung Deiner Träume*. Frankfurt a. M. 1954.

WERNER, CHR., LANGENMAYR, A.: *Der Traum und die Fehlleistungen*. Göttingen 2005.

WEXBERG, E.: *Individualpsychologie. Eine systematische Darstellung*. Leipzig 1931.

WRAGE, I.: *Verborgene Zusammenhänge zwischen erster eigener Kindheitserinnerung (Deckerinnerungen) und rezentem Traum*. In: Körner, J., Krutzenbichler, S. (Hrsg.): Der Traum in der Psychoanalyse. Göttingen 2000. S. 156.

YOUNG, J. E., KLOSKO, J. S., WEISHAAR, M. E.: *Schematherapie. Ein praxisorientiertes Handbuch*. Paderborn 2005.